# 백제 아리랑
## 견훤

역사를 바꾼 인물 · 인물을 키운 역사

# 백제 아리랑
### 견훤

역사 · 인물 편찬 위원회 엮음

역사디딤돌

## 머리말

신라 제51대 진성여왕이 다스리던 때는 그야말로 암흑 속을 헤매는 형국이었다. 사방에서 민란이 일어나고 도적 떼들이 극성을 피웠다. 조정의 힘이 나약해진 틈을 이용한 호족들은 나라에 세금을 바치지 않아 나라의 창고는 텅 빌 지경에 이르렀다.

곳곳에서 수많은 반란이 일어났지만 조정은 통제 능력을 상실한 채 고작 서라벌만 지키고 있을 따름이었다.

원종, 애노, 아자개 등이 반란을 일으키고 사벌성을 장악했지만 조정은 사벌의 반란군 진압에 실패하고 말았다. 그것이 도화선이 되어 전국 각처에서 크고 작은 반란 사건이 잇따랐다. 그 기회를 놓치지 않고 지방 호족들이 서로 힘을 형성하여 군대를 일으켰으며, 농민들은 난을 일으키고 그 지역의 관아를 장악해서 약탈을 일삼았다.

뿐만 아니라 조정의 힘이 약화되면서 지방의 관리들마저 군대를 독자적으로 운영하며 지방 군벌로 대두되었다. 지방 군벌들은 한층 더 세력을 키워가며 힘 겨루기에 나섰고, 나중에는 자기들끼리의 싸움 끝에 큰 세력으로 남은 세력은 죽주의 기훤과 북원의 양길, 사벌의 아자개였다.

견훤은 사벌의 아자개의 아들이었다. 처음에는 경주로 가서 관군이 되어 해상을 지켰지만, 이내 군사를 이끌고 나와 독자적인 세력을 키웠다. 서라벌 남쪽과 서쪽을 휩쓸고 다니면서 몇 달 만에 5천 군대를 형성했고, 백성에게 열렬한 호응을 얻으며 세력을 넓혀갔다.

힘을 얻은 견훤은 혁명 의지를 굳히고 남쪽의 무진주(지금의 광주)를 장악하여 스스로 왕이라 칭했다. 그러다 다시 남쪽으로 진군하여 892년에 완산주(지금의 전주)를 도읍으로 삼아 나라를 세우고 국호를 백제(후백제)라고 정함으로써 후삼국 시대가 막이 올랐다.

양길 밑에 있던 궁예는 명주(지금의 강릉)를 장악한 뒤에 병력 3천을 이끌고 강원도 북주 일대를 장악하고 서쪽으로 진출해 경기도, 황해도 지역을 손에 넣었다. 그리고 송악의 호족 왕륭의 아들 왕건을 철원 태수로 봉하고 주변 세력을 흡수해 나갔다. 그런 뒤에 901년에 송악으로 도읍하여 나라를 세우고 후고구려를 세웠다.

궁예를 몰아내고 왕건이 고려 왕이 되자 견훤은 왕건과 끝까지 세력 다툼을 벌였다. 그러나 아버지 아자개의 고려 귀부와 연이은 패전, 그리고 아들 신검의 배신으로 말미암아 고려로 망명한다.

그러다 왕건에게 후백제를 칠 것을 요청하여 왕건이 한반도 통일을 이루는 데 큰 역할을 했다.

견훤은 스물을 갓 넘은 나이에 대군을 일으켜 나라를 세운 용맹스러운 장수였다. 항상 미래를 계획할 만큼 철저한 사람이었고, 상황에 따라 잘 대처하는 임기응변을 잘했다.

적을 칠 때는 먼저 적을 안심시킨 다음 치는 음흉한 면이 있어 그 속내를 읽기 힘들기도 했지만 빠른 시일 내에 중앙집권적 권력 구조를 형성한 점으로 미루어볼 때 결단성이 있었고, 주변을 장악하는 능력이 탁월했던 것이 분명하다.

또한 자기 스스로 열었던 후삼국 시대를 스스로 끝내고 왕건에게 통일이라는 대업을 이룰 수 있도록 이끌어준 영웅의 모습을 지녔던 인물이었다.

# 백제 아리랑 견훤

차

례

버림받은 궁예…12

호랑이 젖을 먹은 견훤…22

하늘을 찌르는 백성의 원성…38

여왕이 다스리는 나라…53

견훤과 궁예의 대결…68

견훤이 꿈꾸는 세상…82

궁예의 몰락과 왕건의 세상…104

고려로 투항한 아자개…121

신라를 누가 삼킬 것인가!…140

견훤의 슬픔…155

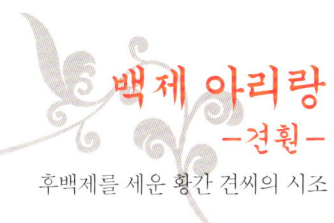

# 백제 아리랑
## -견훤-
후백제를 세운 황간 견씨의 시조

(867~936) 재위 기간 : 892~935

견훤은 경상북도 상주(문경) 가은현에서 아자개의 큰아들로 태어났다. 881년(헌강왕 7) 열다섯 살이 되던 해에 자신의 성을 이씨에서 견씨로 고치고, 큰 포부를 펼치기 위해 서울인 경주로 올라가 군인이 되었다. 그리고 서남해 지방에 출몰한 왜구들을 크게 물리쳐 그 공으로 서남해 변방 비장이 되었다.

견훤은 나라가 혼란스러운 틈을 타서 경주의 서남쪽에 있는 주·현을 공격하여 세력을 키워 나갔다. 892년(진성여왕 6)에는 신라 조정에 반기를 들고 옛 백제의 영토였던 무진주(지금의 광주)를 점령하여 왕위에 올랐다. 이어 900년(효공왕 4)에는 완산주(지금의 전주)에 도읍을 정하여 스스로 왕이라 칭하고 나라 이름을 후백제라 했다.

그러다 930년에 고려 왕건의 군대와 맞붙은 고창(지금의 안동) 싸움에서 크게 패하면서 점차 힘을 잃어갔고, 맏아들 신검이 935년 반란을 일으키자 스스로 왕건에게 항복을 했다. 936년 왕건에게 후백제를 칠 것을 요청해 후백제를 멸망시켰다.

## 버림받은 궁예

  김응렴(훗날 경문왕)은 이찬 김계명의 아들로 화랑도를 이끌고 있던 국선이었다. 860년 9월에 헌안왕(신라 제47대)은 임해전에서 여러 신하를 모아놓고 잔치를 벌였다. 그 자리에 화랑도의 국선인 김응렴도 와 있었는데, 그 때 그의 나이는 열다섯 살이었다. 헌안왕은 두 딸의 사윗감을 고르는 중이었으므로, 김응렴의 됨됨이를 알아보기 위해 가까이 불러 물었다.

  "화랑들은 명산대천을 돌아다니며 수련을 쌓는데, 그렇다면 너도 여러 곳을 다녔을 것 아니냐. 그런데 세상을 돌아다니면서 품성이 바르다고 생각되는 사람들을 만난 적이 있었느냐?"

"일찍이 착하다고 여겨지는 세 사람을 만나 보았습니다."

"그들이 왜 착하다고 생각하였느냐?"

"한 사람은 가문이 높은데도 불구하고 다른 사람을 사귀는데 있어서 결코 자신을 내세우지 않고 겸손하게 처신하였습니다."

"참으로 쓸만한 사람이로구나. 그리고 다른 두 사람은 왜 착하다고 여겼느냐?"

"또 한 사람은 재물이 많아서 충분히 사치스럽게 치장할 수 있을 텐데도 언제나 베옷을 입고도 만족하였으며, 또 한 사람은 세도와 영화를 부릴 만한 자리에 있으면서도 한 번도 남에게 세도를 부린 적이 없었습니다."

"참으로 쓸만한 세 사람을 만났구나!"

헌안왕은 응렴의 말을 듣고 크게 기뻐하며 곁의 왕비에게 작은 소리로 물었다.

"내가 그동안 많은 사람을 겪어 보았지만 응렴처럼 됨됨

**설악산 천불동**
설악산에 있는 대표적 계곡의 하나다. 천불폭포에서 따온 이름이다. 계곡 일대에 펼쳐지는 천봉만암과 청수옥담의 세계가 마치 '천불(千佛)'의 훌륭한 경치를 나타낸 것 같다고 일컬어지고 있다.

이가 훌륭한 사람은 일찍이 못 보았소. 나는 응렴을 사위로 맞을까 하는데 왕비 생각은 어떻소?"

"저 또한 응렴이 마음에 들지만 두 딸 중 어떤 딸의 배필로 맞이하려 하십니까?"

"흠, 그거야 응렴이 결정할 일 아니겠소?"

헌안왕은 다시 응렴을 불러 물었다.

"과인은 그대를 사위로 맞이할까 하노라. 과인에게는 두 딸이 있는데, 어떤 딸과 혼례를 올리고 싶은가?"

헌안왕의 말에 응렴은 잠시 망설였다.

"지금 당장은 결정할 일이 아닌 듯하니 잠시 생각할 틈을 주십시오."

"첫째 공주는 스무 살이고 둘째 공주는 열아홉 살이니 네가 마음에 드는 공주를 선택하도록 하여라."

응렴이 선뜻 결정을 내리지 못한 데는 이유가 있었다. 헌안왕의 첫째 공주는 얼굴이 못생긴 편이었지만 둘째 공주는 빼어난 아름다움을 지니고 있었다. 하지만 응렴은 인물만을 보고 첫째 공주를 제치고 둘째 공주를 선택하는 것은 결코 이익되는 일이 아니라는 것을 잘 알고 있었다.

헌안왕은 오래 전부터 응렴을 잘 알고 있었던 듯하다.『삼국유사』에 따르면 그 당시 응렴은 화랑도의 우두머리인 국선의 위치에 있었기 때문에 헌안왕이 모를 리가 없었다. 결국 응렴은 헌안왕의 사위로 내정되어 있었으며 헌안왕은 그 자리에 응렴을 불러 많은 신하들 앞에서 응렴의 자질을 평가하려 했을 것으로 짐작된다. 또한 그 자리에서 응렴이 장차 사위가 될 것임을 공포한 것이라 볼 수 있다.

궁궐을 나온 응렴은 며칠 동안 고민을 했다.

"나는 이왕이면 얼굴 예쁜 둘째 공주와 백년가약을 맺고 싶지만, 왕과 왕비께서는 분명히 첫째 공주님을 생각하고 있을 것이니 어쩌면 좋단 말인가."

응렴은 결정을 내리지 못하고 흥륜사 승려를 찾아가 도움을 청했다.

"첫째 공주님에게 장가를 가신다면 세 가지를 얻을 것이고, 둘째 공주님에게 장가를 가신다면 세 가지를 잃을 것입니다."

"그렇다면 세 가지를 얻는 쪽을 선택해야 되겠군요. 그런데 그 세 가지가 무엇입니까?"

"첫째 공주님과 결혼하면 왕과 왕비의 뜻을 따르는 것이니 두 분이 크게 기뻐할 것이고, 훗날 왕위에 오를 수 있을 것이니 그것이 두 가지 이득입니다. 왕이 된 뒤에는 마음에 두고 있는 둘째 공주님을 얻을 수 있으니 그것이 세 번째 이득입니다."

"참으로 지혜로운 말씀이십니다."

그 길로 헌안왕을 찾아간 김응렴은 결정을 내리지 못한 것처럼 말했다.

"저는 감히 결정을 내리지 못하겠습니다. 대왕마마와 왕비마마께서 대신 결정해 주십시오."

그 말에 헌안왕은 몹시 기뻐하며 말했다.

"당연히 둘째 공주를 택할 줄 알았는데 그렇게 말해주니 고마운 일이로구나. 과인은 응렴 그대가 첫째 공주와 혼례를 올리기를 바라노라."

"그럼 대왕마마의 뜻대로 첫째 공주님과 혼례를 올리겠습니다."

헌안왕은 비록 얼굴이 못생겼지만 첫째 공주를 선택해주기를 내심 바라고 있던 터라 응렴을 더 한층 신뢰하게 되었다. 그리고 사위로 맞은 뒤에 항상 응렴을 가까이 불러 나랏일을 익히게 하였다.

그리고 861년 정월(헌안왕 재위 5년)에 헌안왕은 신하들에게 유언을 남겼다.

"과인은 불행하게도 아들이 없고 딸만 둘을 두었다. 우리나라에는 예전에 선덕과 진덕 두 여왕이 있었지만, 이는 암탉이 새벽을 알리는 것과 비슷한 일로써 이를 본받을 수는 없는 일이다. 과인의 사위인 응렴은 나이가 비록 어리지만 훌륭한 성품과 덕성을 갖추고 있다. 그대들이 그를 임금으로 세워 섬긴다면, 반드시 나라를 올바르게 이끌어 갈 것이므로 내가 죽은 이후에도 나라에 해로운 일이 없을 것이다."

헌안왕은 그런 유언을 남기고 숨을 거두었고, 유언대로 뒤를 이어 응렴이 왕위에 올랐으니 그가 바로 신라 제48대 경문왕이다.

헌안왕에게는 아들이 없고 딸만 둘 있다고 했지만 실제로는 후궁이 낳은 아들이 있었으니 바로 궁예였다. 그런데 궁예는 단옷날에 태어난데다 태어날 때부터 이가 둘이나 나 있었고,

무지개 같은 흰빛이 하늘에 닿아 있었다고 한다. 일관은 "이 아이가 오(午)자가 거듭 들어 있는 날(重午)에 태어났고, 나면서부터 이가 있으며 또한 광염이 이상하였으니, 장래 나라에 이롭지 못할 듯하다."고 왕에게 고하였다. 그 말을 들은 헌안왕은 그 아이를 죽이라는 명령을 내렸지만, 아기는 유모에 의해 간신히 목숨을 구하고 산속에 숨어 지내고 있었다. 경문왕이 왕위에 오를 수 있었던 것은 궁예를 제거했기 때문에 가능했다. 결국 궁예는 경문왕의 아버지인 김계명<sup>*</sup>의 세력에 의해 축출되었을 것으로 짐작된다.

"전국의 옥에 갇혀 있는 죄수들을 풀어주도록 하라! 그리고 상대등에는 이찬 김정을 임명할 것이며, 아찬 위진은 시중에 임명한다! 이제 과인이 직접 신궁으로 나가서 제사를 올리겠다!"

> 김계명은 통일 신라 시대 재상 겸 희강왕의 아들이며 경문왕의 아버지다. 838년 희강왕이 민애왕에게 살해되자 왕위를 계승하지 못하였다. 848년(문성왕 2) 파진찬의 관등으로 위흔(김양)의 뒤를 이어 시중이 되어, 861년 아들인 경문왕이 즉위할 때까지 13년 간 재직하였다. 이후 통일 신라 왕통은 효공왕까지 그의 자손 5명에 의해 계승되고, 마지막 왕 경순왕도 김계명의 4대손이 된다.

별 어려움 없이 왕위에 오른 경문왕은 비교적 안정적으로 왕권을 유지하면서 정사를 펴나가기 시작했다.

하지만 경문왕이 왕권을 물려받은 것을 못마땅해 하는 세력도 있었다. 바로 윤흥 형제들이었다.

"사위인 주제에 왕권을 차지하다니! 당장 자격 없는 왕을 쫓아내고 합당한 왕이 나라를 다스리게 해야 된다!"

문성왕의 측근이었던 아찬 윤흥과 그의 아우인 숙흥, 계흥 등이 함께 경문왕의 즉위에 불만을 품고 역모를 꾀하는 사건이 터졌다.

"역모를 꾀한 괴수들을 당장 잡아들여라!"

경문왕은 대산군으로 도주한 윤흥과 숙흥, 계흥을 잡아들여 목을 베게 하고 삼족을 멸했다.

경문왕을 향한 반대파 귀족 세력의 도전은 그 뒤에도 계속되었으며, 경문왕 8년 정월에는 문성왕의 사촌인 아찬 김예, 김현 등이 모반을 하였다가 처형당하기도 했다.

반란을 일으킨 김예, 김현 등은 문성왕의 사촌 동생이었고, 윤흥 형제도 진골 귀족이었다. 김계명계인 응렴이 국왕의 사위가 되어

영도대교
영도대교는 부산광역시 중구와 영도구를 연결하는 다리이며 일제 시대와 전쟁의 수탈과 애환 그리고 이산과 실향의 역사가 담겨있는 다리다.

왕위를 계승하자. 김균정계가 왕위 계승을 목적으로 일으킨 반란 사건이었을 것으로 여겨진다. 모두 경문왕이 헌안왕의 장자가 아닌 사위로서 왕권을 이어받았기 때문에 반대파의 도전이 계속되었을 것으로 보인다.

"왕실을 어지럽히는 자는 결코 용서하지 않겠으며, 삼족을 멸하는 엄벌을 내리겠다!"

경문왕은 강한 조치를 취하며 왕권에 도전하는 세력과 맞섰다.

# 호랑이 젖을 먹은 견훤

경문왕이 나라를 다스린 지 7년이 되던 867년, 경상북도 상주(지금의 문경) 가은현에서 아자개가 아들을 낳았다. 그 아들이 바로 견훤이다.

『삼국유사』에는 견훤의 탄생에 대해 이렇게 적어 놓았다.
 '견훤은 상주 가은현 사람이요, 함통(당나라 의종의 연호) 8년 정해(867년)에 났으니, 본래의 성은 이씨였는데, 뒤에 견을 성으로 삼았다. 그의 아버지는 아자개이니 농사로 생활을 하다가 광계(당나라 희종의 연호) 연간에 사불성(또는 사벌, 상주)에 자리를 잡고 자칭 장군이라고 하였다. 아들 넷이 있어 모두 세상에 이름이 알려진 바, 훤의 이름은 특히 유명하

였고 지혜와 책략이 많았다.'

견훤의 탄생 설화는 두 가지가 전해져 오고 있다. 하나는 금하굴에 얽힌 설화다.

**은해사 백흥암 극락전(경북 영천)**
백흥암은 은해사에 속한 암자로 신라 말에 지은 것으로 전한다. 조선 명종 1년(1546) 인종의 태실(胎室)을 팔공산에 모시게 되자 백흥암을 수호 사찰로 정하고 크게 고쳤다고 한다.

'아주 옛날 이 동네에 처녀가 있었는데 밤마다 아주 잘생긴 남자가 찾아와 처녀와 정을 통하고는 했다. 날이 어두워지면 찾아와 새벽이 되어 동이 틀 무렵이면 사라지고는 했다. 얼마 후, 처녀는 임신을 했다.

"처녀가 임신을 하다니! 이런 해괴망측한 일이 어디 있단 말이냐!"

"어떤 놈인지 당장 말하거라!"

가족들이 호통을 치자 처녀는 그동안 있었던 일을 말했다.

"소리 없이 찾아와 사라지기 때문에 어디에 사는 누구인지 전혀 모릅니다."

처녀는 울면서 말했다.

"오늘밤에는 반드시 그 놈을 잡아내겠다!"

가족들은 남자의 정체를 파악하려고 초저녁부터 처녀 방 앞을 지켰다. 그러나 워낙 소리 없이 나타났다가 사라지기 때문에 잡을 수가 없었다.

"놈의 옷자락에 실을 묶어놓도록 해라. 실을 따라가 보면 놈의 정체를 알 수 있을 것이다."

처녀는 가족들이 시키는 대로 남자의 옷자락에 실을 묶어두었다.

아침이 되자 사람들은 실을 따라가 보았다. 그런데 실은 금하굴로 이어지고 있었다. 그리고 굴속에는 큰 지렁이 한 마리가 살고 있었다.

"지렁이 몸에 실이 묶여 있는 걸 보니, 밤마다 찾아오는 놈이 분명하구나!"

후에 처녀는 아들을 낳았는데, 그 아들이 바로 견훤이다.'

또 하나는 농바위에 얽힌 탄생 설화다.
'천상의 옥황상제는 무남독녀 공주를 두었는데, 공주는 '구호(口號)'라는 총각을 사랑하였다. 둘은 몰래 사랑하다가 끝내는 옥황상제께 발각되어, 구호는 인간 세상으로 유배되었다. 서로 헤어질 때 구호는 공주로부터 이별의 애달픈 눈물과 함께 보물 상자 둘과 백마 한 필을 받았다. 유배된 구호는 이 천마산으로 내려와 나날을 보냈는데, 하루는 한 처녀가 슬피 우는 것을 보고, 그 연유를 물었다. 그녀는 '아비(阿鼻)'라는 처녀로, 간밤에 부친이 호랑이한테 물려 죽었는데 여자의 몸으로 어찌할 수가 없어 우노라고 대답했다. 이 말을 들은 구호는 천마산 일대를 돌아다니며 범을 찾아 처녀의 원수를 갚아 주었다. 그 일이 있은 뒤에 그들은 동거하여 아비가 임신하였는데, 만삭이 되어도 해산할 줄 모르고 있었다. 그 무렵, 구호는 형기가 만료되어 하늘나라로 다시 올라가게 되었다. 아비를 어찌 할까 고민하다가 함께 하늘로 올라갔다. 이를 본 옥황상제와 공주는 크게 노하여 다시 구호를 내쫓으니 구호가 타던 백마는 천마산이 되고, 구호와 아비는 천마산 동쪽에 떨어져 두 개의 바위가 되었다. 구호와 아비가 떨어져 바위가 된 얼마 후에 한쪽 바위가 반으로 갈라져 그 속에서 한 손에 칼을 든 장사가 나타났으니 그가 곧 견훤이라 한다.'

사위의 신분으로 왕위를 차지한 경문왕은 왕권에 대항하는 세력에 대해서는 그 어느 때보다 강한 조치를 취하며 왕권을 강화하려 애썼다.

"역모자는 한 명도 남기지 말라! 삼족을 멸해서 왕실을 업신여기고 왕인 나를 깔보려 하는 자들에게 본보기를 보여주도록 하라!"

반역을 저지른 자의 부모, 형제, 처자까지 모두 죽이는 등 대단히 강력한 조치를 취했다. 희강왕 이후 왕족 내부에서 여러 차례 반란 사건이 있었지만 삼족을 멸한 경우는 거의 없었다.

그렇게 강력한 대응과 조치에도 불구하고 재위 14년 (874)에 일어난 이찬 근종의 반란 사건은 도성 안에서 전쟁을 불러일으킬 정도로 중대 사태였다.

근종의 난이 일어난 데는 경문왕의 무리한 정책 탓이었다.

866년 6월에 황룡사 대탑이 벼락을 맞아 무너졌는데, 경문왕은 무리하게 대탑 개축을 명령했다.

"황룡사 대탑은 개축하지 말아야 한다!"

"지금 나라가 얼마나 어려운지 모른단 말인가. 대탑을 개축하는 일보다 민심을 다독이는 일이 더 시급하다!"

"또다시 백성이 허리띠를 졸라매게 하지 말라!"

경문왕이 황룡사 대탑 개축을 명하자, 근종 세력은 강력하게 반발하고 나섰다.

황룡사 대탑은 지난날 선덕여왕이 세울 때도 백성의 불만이 많았다. 대규모 공사에 많은 백성이 동원되었고,

**단청**
삼국 시대 초기에 단청이 목조건물에 채택된 후, 불교 사찰이 활발하게 건축됨에 따라 상당한 발전을 보았다고 여겨진다. 이러한 발전은 사찰 건물이 다양해지면서 급속도로 단청의 질을 향상시켜서 불교가 융성했던 통일 신라 시대에는 절정을 이루었을 것으로 보인다.

결과적으로 가난에 찌든 백성의 삶을 더욱 어렵게 만들었기 때문이다.

"황룡사 대탑 개축은 나라의 기강을 바로잡고 백성을 부처의 세계로 이끌려는 대사업이다. 그러므로 반드시 해야만 되는 나라의 대사업이다!"

경문왕은 반대하는 소리에 귀를 기울이지 않았다. 그 무렵의 신라는 몹시 어려움에 빠져 있었다. 겨울 가뭄으로 고통을 받았고, 날이 풀리자 전염병마저 돌아서 백성이 무더기로 죽어 나가고 있었다.

"왕은 백성의 고통을 모른 체하고 황룡사 대탑 공사를 밀어붙이고 있다!"

"대탑 개축을 한다면 백성들은 굶어 죽어도 상관없다는 말이냐. 당장 중지하라!"

선덕여왕 때도 대탑 공사로 민심이 사나워졌고, 비담의 무리가 반란을 꾀했던 일이 있었다. 하지만 경문왕은 끝내 무리한 공사를 강행하여 수많은 백성이 부역에 동원되었고, 민심은 극도로 악화되었다. 그런데다 황룡사 대탑 개축을 명령한 지 한 달 만에 또 월상루를 중수하라는 명령을 내렸다.

"어차피 황룡사 대탑을 개축하고 있으니 낡은 월상루를 함께 고치도록 하라!"

황룡사 대탑 공사는 몇 년씩이나 지속되었다. 공사가 진행되는 동안 서라벌에는 지진이 발생했고, 전국에 메뚜기 떼가 창궐하여 곡식을 망치는 바람에 흉년에 시달려야 했다. 그런데다 전염병이 수그러들지 않아 숱한 사람들이 죽어 갔다.

9층으로 이루어진 거대한 탑의 높이가 스물두 장(10척)

이나 되었다.

"이제는 참을 수 없다! 모두 일어나서 손에 무기를 들어라!"

"더는 귀족과 왕실을 위해 희생당할 수 없다! 궁궐로 쳐들어 가자!"

근종의 부추김에 힘입은 민중은 성난 불처럼 일어났다. 하지만 근종은 관군에게 붙잡혀 그 자리에서 목숨을 잃고 말았다.

"왜 왕은 백성의 아우성을 듣지 못하는가!"

"백성의 소리를 귀담아 들어라!"

근종의 난으로 더욱 날카로워진 민심은 걷잡을 수 없었고, 정치 불안은 그 속도를 더해갔다. .

그런데 어느 날부터인지 경문왕의 귀가 점점 길어지기 시작했다.

『삼국사기』에는 경문왕이 왕위에 오른 뒤로 계속해서 귀가 커져 나귀처럼 되었다는 내용이 전해진다.


  그 비밀을 알고 있는 사람은 왕의 두건을 만드는 복두장 한 명 뿐이었다.

  "내 귀에 대해 입을 열었다가는 목이 달아날 것이다! 알겠느냐?"

  "마마, 염려 마시옵소서. 절대로 입 밖에 내지 않겠습니다."

  복두장은 하루하루가 불안했다. 혹시라도 실수로 왕의 비밀을 누설하는 날이면 생명을 지키기 어렵다는 것을 잘 알기 때문이었다.

  "친구들과 어울려 놀다 실수로라도 그 일을 입 밖으로 내게 되면, 나는 물론이고 내 가족도 무사할 수 없다."

  늘 그런 걱정 때문에 복두장은 점점 사람을 만나지 않게 되었고, 결국은 마음의 병을 얻고 말았다.

  '이러다 지레 죽고 말겠어. 내 속에 있는 소리를 한 번만

이라도 밖으로 내뱉는다면 당장 죽어도 한이 없을 텐데……. 아, 답답하구나!'

그렇게 생각한 복두장은 도성 밖에 있는 도림사로 갔다. 도림사 뒤에는 대나무가 울창했다. 그는 대나무 숲으로 들어가 크게 외쳤다.

"임금님 귀는 당나귀 귀!"

"임금님 귀는 당나귀 귀!"

그런데 그 뒤로 바람만 불면 대나무가 흔들리면서 이상한 소리가 들려왔다.

"임금님 귀는 당나귀 귀!"

바로 복두장이 외쳤던 소리였고 그 소문은 경문왕 귀에까지 들어갔다.

"도림사 뒤에 있는 대나무 숲을 당장 없애고 그 자리에 산수유를 심도록 하라!"

경문왕은 서둘러 그런 명을 내렸는데 그 뒤로는 다른 소리가 들려왔다.

"임금님 귀는 길다!"

경문왕은 귀 뿐만 아니라 잠잘 때도 남과 다른 점을 지니고 있었다. 잠자리에 들면 난데없이 수많은 뱀이 몰려들고는 했다.

"으악! 뱀이다, 뱀!"

"수십 마리 뱀이 임금님 침전으로 들었다!"

궁궐 사람들이 놀라 도망을 쳤지만 경문왕은 대수롭지 않게 여겼다.

"뱀을 쫓아내지 말고 그냥 편하게 놔두어라."

그리고는 편안하게 잠자리에 들었다.

『삼국유사』에는 경문왕이 뱀과 함께 잠을 잤다는 기록이 있다. '경문왕이 거처하는 전각에는 매일 많은 뱀이 무리를 지어 모여들었으므로 대궐에서 일보는 사람들이 겁을 내어서 이를 쫓아내려 하였다. 그러나 왕은 "과인은 뱀이 없으면 편히 잠을 잘 수가 없다. 부디 뱀을 쫓지 말라."고 하였다.'

'경문왕은 취침 시간이면 언제나 혀를 토해내어서 가슴 위가 가득 차도록 늘어뜨리고 잤다.'

뱀을 항상 끼고 잤다는 것은 경문왕이 음흉하고 정략적인 술수를 쓰며 정치를 이끌었음을 탓하는 내용으로 보인다. 실제로 경문왕은 왕의 자리에 오르기 위해 헌안왕의 첫째 공주를 택하였고, 왕위에 오른 뒤에는 그동안 마음에 품고 있었던 둘째 공주를 차비로 맞이했다. 경문왕이 뱀으로 상징된 것은 그 주위에 뱀과 같은 교활한 사람들이 상당히 많이 있었음을 역설적으로 표현한 것으로 보여진다.

그만큼 경문왕을 시기하는 비판 세력도 많았다는 것이 된다. 세 차례에 걸친 모반사건을 진압했음에도 불구하고 경문왕을 왕위에서 몰아내려는 많은 세력이 기회를 엿보고 있었음을 상징하기도 한다.


그렇게 나라가 어지러운 속에서 견훤은 무럭무럭 잘 자랐다.

견훤은 어려서부터 남다른 점이 많았다.

어느 여름날이었다. 견훤의 어머니는 남편 아자개의 점심밥을 지어 밭으로 나갔다.

**한라산 백록담**
예부터 제주 지역 사람들은 한라산의 백록담에 산다는 백록을 신선이 타는 동물이라고 믿었다. 한라산은 원래 신선이 놀던 산이고, 신선들은 흰 사슴, 곧 백록을 타고 구경을 다니며 정상에 있는 백록담의 맑은 물을 사슴에게 먹인다는 것이다. 백록담의 이름은 이 백록에서 유래하였다.

등에 업힌 아기는 잠이 들어 있었다.

"아기가 잠들었으니 점심을 먹는 동안 내가 땅을 팔게요."

부인이 아기를 나무 그늘 밑에 눕히고 괭이를 들고 밭일을 하는데, 난데없이 호랑이가 나타났다.

"어이쿠! 호랑이다!"

부부는 놀라 어쩔 줄을 몰라 했다. 어슬렁거리며 나타난

호랑이가 나무 그늘 밑에 누워 있는 아기에게 다가가고 있었기 때문이다.

"이놈! 호랑이야! 당장 사라지지 못할까!"

"내 아들을 털끝이라도 건들면 네 놈 숨통을 끊어놓고 말겠다!"

아자개는 괭이를 들고 호랑이를 향해 달려들었지만 호랑이는 달아나지 않고 아이에게로 다가갔다.

그런데 믿을 수 없는 일이 일어났다. 호랑이가 다가가자 잠에서 깨어난 아기가 호랑이 젖을 맛있게 빨아먹었다.

"아니, 호랑이가 우리 아기에게 젖을 먹이고 있네!"

"아기가 호랑이 젖을 빨아먹으면서 방글방글 웃고 있어요!"

호랑이는 아기에게 젖을 다 먹인 뒤, 유유히 숲 속으로 사라졌다.

"우리 애는 하늘이 내린 인물이 분명해!"

사람들도 호랑이 젖을 먹은 견훤에 대해 많은 기대를 걸었다.

"견훤은 장차 나라를 위해 큰일을 해낼 인물로 자랄 것이야!"

"어지러운 나라를 바로 세워줄 인물이 될 거야!"

견훤은 자라남에 따라 남다른 면이 많아졌다. 특히 다른 아이에 비해 몸집이 유난히 크고 담력이 이만저만 센 것이 아니었다.

아자개가 농사를 지었다고 하지만 가난한 농민층은 아니었을 것이다. 가난한 농민이 갑자기 장군이나 성주로 성장하기는 불가능한 일이다. 아자개는 경제적으로나 사회적으로 안정되었으며 적어도 부유한 촌주 정도의 기반을 지녔다고 보고 있다. 더러는 아자개가 처음부터 농민이 아니라 지방의 대호족 세력가였을 것으로 짐작하기도 한다.

# 하늘을 찌르는 백성의 원성

경문왕이 세상을 뜨고 그 뒤를 이어 경문왕의 아들인 정이 왕위에 올랐다. 그가 바로 신라 제49대 헌강왕이다.

경문왕은 여러 차례의 반란에도 불구하고 그 반란을 성공적으로 진압했다. 덕분에 헌강왕은 어느 정도 안정된 왕권을 유지하면서 경문왕이 닦아 놓은 기반 위에서 별다른 갈등 없이 왕위를 이어받을 수 있었다.

"이찬 위홍*을 상대등으로 임명할 것이며, 대아찬 애겸을 시중으로 임명한다!"

---

위홍은 875년(헌강왕 1) 이찬으로서 상대등이 되고, 진성여왕 때 각간이 되어 여왕의 총애를 받아 남편이 되었다. 왕명을 받아 대구화상과 함께 한국 문학사상 최초의 가집(歌集)인 『삼대목(三代目)』을 편찬했으나 지금은 전해지지 않는다. 부인이 있는데도 여왕의 남편으로 살아서 대궐의 기강을 문란하게 하였다는 설도 있으며, 죽은 뒤에는 여왕에 의하여 대왕에 추봉되고 혜성(惠成)이라는 시호를 받았다.

헌강왕은 강대국인 당나라와 관계를 유지하는 것이 무엇보다 중요하다고 판단했다.

"당나라에서 과인을 왕으로 인정하는 책봉 사신을 보내왔으니 우리 신라에서도 답방 사절을 보내야 마땅하질 않겠느냐. 견당사절단 준비를 서두르도록 하라!"

**제주도의 돌하르방**
제주 특유의 석상으로 돌하르방에 얽힌 전설이 많다. 석상의 형태는 조금씩 다르지만 큰 눈에 자루병 같은 코를 가졌으며, 입술을 다문 얼굴에 감투를 썼고, 두 손을 배에 나란히 모으고 서 있다. 이 석상은 성문 앞에 서서 위엄을 보이면서 수호신적·주술적·금표적(禁標的) 기능을 한 것으로 추정되며 육지의 장승과 그 기능이 비슷했던 것으로 보인다.

헌강왕 4년 7월에 신라 조정은 당나라에 사신을 파견할 계획을 세웠다.

하지만 견당사절단은 소란한 당나라의 정세 때문에 신라를 떠나지 못했다.

"뭐라고! 당나라에 난리가 터졌다고!"

"예, 황소라는 자가 반란을 일으켜 장안성을 접수하고 새로운 나라를 세웠다고 하며, 당 황제는 급히 피난을 떠났다고 합니다."

"참으로 예사로운 일이 아니로구나! 당나라가 무너지면 우리 신라도 무사할 수 없다!"

『삼국사기』에는 그 일을 이렇게 기록해 놓았다.

'헌강왕 4년 7월, 당나라에 사신을 파견하려 하였으나 황소의 반란이 일어났다는 말을 듣고 이를 중지하였다.'

875년에 왕선지라는 인물이 반란을 일으켰는데, 그러자 소금장수로 떠돌던 황소가 왕선지에 호응하여 주민들을 모아 반란에 합세했다.

왕선지가 반란 도중에 숨을 거두자 황소가 세력을 다시 모아 서울인 장안을 공격하기에 이르렀다.

황소가 장안까지 쳐들어오자 당 황제는 사천성으로 피난을 가고, 황소는 장안에서 나라를 세우고 이름을 대제, 연호를 금통이라 부르면서 황제에 등극했다.

　당나라 황소의 난은 875년부터 884년까지 무려 10년 동안이나 이어졌고, 헌강왕은 12년 재위 기간 동안 당나라와 교류를 해볼 엄두조차 내지 못했다.


　헌강왕 초기에는 그런대로 어려움이 없었고, 한 차례도 천재지변에 의한 흉년이 발생하지 않았다.
　"이렇게 살기 좋은 시절이 얼마나 오랜만인가."
　"그러게 말일세. 풍년으로 배곯는 일이 없다는 것만으로도 다행이지."
　백성은 오랜만의 태평성대를 노래했다.
　헌강왕도 그런 현실을 만족해하며 사냥과 음악을 즐기며 지냈다.


『삼국사기』에는 그 무렵의 일을 이렇게 기록해 놓았다.
　'9월 9일, 왕이 좌우의 신하들과 월상루에 올라가 사방을 바라보니, 도성에 민가가 즐비하고 노랫소리가 연이어 들렸다. 왕이 시중 민공을 돌아보면서 말하였다.

"짐이 듣건대, 지금 민간에서는 짚이 아닌 기와로 지붕을 덮고 나무가 아닌 숯으로 밥을 짓는다고 하니, 과연 그러한가?"

헌강왕의 말에 민공이 대답하였다.

"대왕마마께서 즉위하신 이후로 음양이 조화를 이루고 바람과 비가 순조로워서 해마다 풍년이 들어 백성은 먹을 것이 넉넉합니다. 변경은 안정되고 세상 사람들이 즐거워하니, 이는 대왕마마의 어진 덕에 의하여 이루어진 것입니다."

왕이 즐거워하며 말했다.

"이는 그대들의 도움 덕이지, 나에게 무슨 덕이 있겠소?"

왕은 임해전에서 여러 신하들에게 연회를 베풀었다. 술기운이 오르자 왕은 거문고를 타고, 신하들은 각각 가사를 지어 올리면서 마음껏 즐기다가 헤어졌다.'

그 무렵에 귀족들이 사는 기와집을 '금입택(金入宅)'이라고 불렀다고 한다. 금은으로 치장한 귀족들의 대저택을 가리키는 말이었다.

『삼국유사』에는 서라벌에 서른아홉 채의 금입택이 있었다고 기록되어 있다. 또한 금입택 못지않은 기와집들이 경주에 즐비했고, 귀족들은 일년 내내 곡식이며 비단 등이 끊이지 않았다 할 정도로 풍요로운 생활을 하면서 노래와 풍악을 즐기며 살았다고 한다.

그러나 귀족들은 풍족하게 살고 있던 반면에 가난한 백성의 삶은 여전히 고달프기만 했다.

"배가 고파서 죽을 지경인데 어디에서 곡식을 구한단 말이냐!"

"이렇게 굶어죽을 바에는 도적질을 해서라도 밥이나 실컷 한 번 먹었으면 원이 없겠다!"

『삼국사기』〈열전편〉의 '효녀 지은 이야기'를 보면 귀족들의 생활에 비해 백성들은 얼마나 빈곤하게 살았는지를 잘 알 수 있다.

'효녀 지은은 한기부 백성 연권의 딸이다. 그녀는 천성이 지극히 효성스러웠다. 어려서 아버지를 여의고 홀로 어머니를 모셨다. 지은은 나이가 서른둘이나 됐는데도 시집을 가지 않고 어머니를 보살피기 위하여 곁을 떠나지 않았다. 봉양할 음식이 없으면 어떤 때는 품팔이를 하고 어떤 때는 구걸도 하여 밥을 구해서 어머니를 봉양하였다. 그러한 생활이 오래 되자 피곤함을 이기지 못하여 부잣집에 가서 자청하여 몸을 팔아 종이 되고 쌀 열 석을 받았다. 지은은 하루 종일 그 집에서 일을 해주고 날이 저물면 밥을 지어가지고 돌아와서 어머니를 봉양하였다. 이렇게 사나흘이 지나자 어머니가 딸에게 물었다.

"전에는 밥이 보잘것없어도 맛이 좋았는데 지금은 밥이 좋은데도 맛이 옛날만 못하고 마치 살 속을 칼로 찌르는 듯하니 이것이 어인 일이냐?"

어머니의 걱정에 지은은 하는 수 없이 사실대로 고하였다.

"나 때문에 네가 종살이를 하게 되었으니 딸의 신세를 이렇게 망쳐 놓은 바에 더 살아서 무얼 하겠느냐? 차라리 빨리 죽는 것이 낫겠구나."

두 사람이 소리내어 통곡하니 그 슬픈 모습이 길 가는 사람들을 감동시켰다. 이때 효종랑이 지나가다가 그 광경을 보고 집에 돌아가서 부모에게 청하여 자기 집 곡식 1백 석과 옷가지를 수레에 실어다 주었다. 그리고 또한 지은의 몸을 산 사람에게 몸값을 보상해주고 양민으로 만들어주었다. 이 소식을 들은 화랑의 낭도 몇 천 명이 각각 곡식 한 섬씩을 주었다. 왕이 이 이야기를 듣고 또한 벼 5백 석과 집 한 채를 하사하고 부역을 면제하여 주었으며, 곡식이 많아서 도둑이 들까 염려하여 관계자에게 명하여 군사를 보내 교대로 지켜주었다. 그리고 그 마을을 효양방이라 하고 표문을 올려 당나라 왕실에도 그녀의 아름다운 행실을 알렸다.'

효종랑의 아버지는 재상 중에서도 세 번째 등급인 제3재상으로 나온다.

지은의 슬픈 이야기를 듣고 효종랑이라는 사람이 부모에게 말하고 선뜻 곡식 백 석을 가져다 도와주었다는 것은 그만큼 신라 귀족이 풍족하게 살았다는 것을 증명한다.

**바다에서 본 제주 한라산**
한라산, 금강산, 지리산과 함께 삼신산이라 불러왔다. 예전에는 부악, 원산, 진산, 선산, 두무악, 부라산, 영주산, 혈망봉 등으로 다양하게 불렸다.

중국사서인 『신당서』〈동이전〉에는 신라의 귀족이 얼마나 풍족하게 살았으며 가난한 백성은 얼마나 힘들게 살았는가를 짐작할 수 있는 기록이 있다.

'재상의 집에는 녹이 끊어지지 않으며 노비가 3천 명이나 되고, 갑옷 입은 병사와 소, 말, 돼지의 수도 노비의 수와 맞먹었다. 가축은 바다 가운데에 있는 섬의 산중에서 방목을 하였다가 필요할 때 활을 쏘아서 잡는다. 곡식을 남에게 빌려주어서 재산을 늘리는데, 기간 안에 다 갚지 못하면 노비로 삼아서 일을 시켰다.'

기록으로 보아 귀족들은 기근이 들어서 백성의 삶이 곤궁해질 때를 재산을 늘리는 기회로 삼았던 것 같다.

또한 '흥녕사 징효대사 탑비'를 보면 그 무렵 백성들의 삶이 얼마나 가난에 찌들었는가를 짐작할 수 있다.

'이 무렵 운수는 혼란기를 맞이하여 시절이 어려웠으며 왕실이 위태롭기가 달걀을 쌓아놓은 것 같았다. 곳곳에 불타는 연기와 말 달리는 먼지가 갑자기 일어나니 요사스런 기운이 사찰에까지 미쳤다.'

곳곳에서 연기가 솟았다는 것은 도적이 횡행하여 민가를 약탈하고 불질렀다는 뜻이고, 먼지가 많이 일어났다는 것은 도적들이 말을 타고 전국을 누볐다는 뜻이 된다.

하루가 다르게 나라의 기강은 더할 수 없이 흐트러지고, 관리들은 나라의 일보다는 개인의 욕심을 채우기에 급급했다.

나라가 어지러워지자 흉흉한 소문이 끊임없이 떠돌았다.

"소량리에 있는 바위가 저절로 옮겨갔다네."

"어젯밤에는 사천왕사 벽화의 개가 밤새 슬피 울었다던데."

"그뿐만이 아니야. 황룡사 탑의 그림자가 한 달이나 거꾸로 서 있고, 참포의 물이 바닷물과 삼 일 동안이나 싸웠는데 물결이 20장이나 치솟았다고 해."

전국 각지에서 도적들이 극성을 부렸으며, 호족들은 조직적으로 반란을 일으켜 조정에 대항했다.

"반란을 진압하고 도적 떼를 없앨 힘이 없으니 어쩌면 좋단 말인가."

"백성의 마음은 왕실로부터 완전히 멀어졌고 반란군의 기세는 점점 강해지기만 하는데도 손 쓸 방법이 없구나."

헌강왕이 병사하자 동생인 황이 뒤를 이었다. 그가 바로 신라 제50대 정강왕이다. 그러나 정강왕도 1년도 못 되어 역시 병으로 숨을 거두고 말았다.

아들이 없던 정강왕의 유언에 따라 왕의 누이인 '만'이 신라 제51대 왕으로 등극했다. 그가 바로 진성여왕이다.

나라가 한 치 앞을 내다볼 수 없을 지경으로 어수선해지자 수많은 젊은이가 군인이 되기를 희망했다.

"병사가 되면 밥이라도 굶지 않을 거야."

"죽어라 농사를 지어도 입에 거미줄이나 치는데, 농사는 지어서 뭐하겠어. 차라리 군대에 들어가 배불리 먹고 지내는 편이 낫지."

"농사지을 땅이 없는데 농사는 무슨……."

마음속에 늘 큰 뜻을 품고 있었던 견훤이 결심을 한 것도 그 무렵이었다.

"아버님, 저도 군인이 되겠습니다."

견훤이 군인이 되겠다고 하자 아버지 아자개는 근심을

내비치며 물었다.

"이렇게 나라가 한 치 앞도 내다볼 수 없을 지경으로 혼란스러운데 군인은 되어서 무얼하겠다는 게냐?"

"학문을 열심히 닦아 벼슬을 하더라도 진골이나 귀족이 아니면 크게 출세할 수 없습니다. 그보다는 차라리 전쟁터로 나가 큰 공을 세워 이름을 떨치겠습니다."

"네 뜻이 그렇다면 서라벌로 가서 조정의 군사가 되도록 하여라. 나라가 어지러울수록 군인이 해야 될 임무가 많은 법이다."

허락을 받은 견훤은 곧바로 서라벌로 향했는데, 그 때가 스물한 살이었다.

서라벌에 도착한 견훤은 그 호화로움에 몹시 놀랐다.

"백성은 한 끼 밥도 배불리 먹지 못하고 사는데 귀족들은 말안장도 금이나 은으로 장식하고, 가마도 온갖 치장으로 호사스럽기 짝이 없구나."

견훤이 속해 있는 부대는 며칠 동안 간단한 훈련을 받고 서남해(지금의 전남 해안 지방)로 출발하였다.

"서남 해안에는 당나라 해적들이 시도 때도 없이 나타나 사람들을 괴롭히고 있다! 백성의 재물을 빼앗고, 젊은 사람을 잡아다 노예로 파는 해적 놈들을 한 명도 살려두지 말아야 한다!"

**쥐불놀이**
논밭 두렁에 불을 놓는 정월의 민속놀이로 전국에서 널리 행해지는 놀이다. 해마다 첫 쥐날[上子日] 또는 정월 대보름 전날 농촌에서 논밭 두렁 등의 마른 풀에 불을 놓아 태우는 풍습으로, 논두렁 태우기라고도 한다. 『동국세시기』에는 충청도 풍속에 떼를 지어 횃불을 사르는 '훈서화', 즉 쥐불 놓는 풍습이 있다 하였는데 이것이 오늘날의 쥐불놀이를 이르는 것이다.

견훤은 서남해에서 삼 년 동안 활약을 했다. 견훤은 잠을 잘 때도 창을 베개 삼으며 적의 공격을 대비했다. 적을 만나면 육 척 거구의 몸에서 뿜어 나오는 날랜 힘과 무술 실력으로 많은 공을 세웠고, 그런 공로를 인정받아 비장 자리에 올랐다.

『삼국유사』에는 견훤을 이렇게 기록해 놓았다.

'견훤은 자라서는 체격과 용모가 웅장하고 기이하며, 생각과 기풍이 활발하고 비범하였다. 그가 종군하여 서울에 들어갔다가 서남쪽 해변으로 가서 수자리를 하게 되었는데, 잘 때에도 창을 베고 적을 기다렸다. 그는 용기가 있어 항상 다른 군사들보다 앞장섰으며 그런 공로로 비장이 되었다.'

# 여왕이 다스리는 나라

 진성여왕은 즉위 직후 죄수를 대사면하고, 주와 현에 1년 간 조세를 면제시켜 주었으며, 황룡사에서 불교 행사 중 하나인 대법회(백고좌)를 여는 등 민심 수습에 노력했다. 그러나 혼란스러운 나라를 수습하기에는 모든 것이 역부족이었다.

 "여자가 무슨 힘으로 나라를 이끌겠어!"

 "진골 중에서 왕을 뽑으려고 하니 인재가 없을 수밖에."

 지방의 세력가들은 여왕을 얕보고 반란을 일으켜 스스로 장군이라 일컫고 있었지만 조정은 진압할 아무런 힘도 없었다.

 조정이 엉망으로 돌아가자 지방에 대한 통제력은 완전히

상실되었고, 국고도 완전히 비어 버렸다.

"백성을 돌볼 힘이 없는 조정에 세금을 바칠 이유가 없지."

"당연하지. 이빨 빠진 호랑이를 무서워할 멍청이가 어디 있겠어."

지방의 호족들은 납세를 전혀 하지 않았고, 다급해진 진성여왕은 각 지역에 사신을 파견하여 납세를 독촉했다.

그러자 관리들은 백성을 닦달하였다.

"조정에 바칠 세금을 내야 된다. 세금을 바치지 않으면 무사하지 못 한다!"

"세금을 낼 수 없거든 자식이라도 바쳐라!"

그렇게 되자 민심은 날이 갈수록 더 사나워졌고, 세금을 낼 형편이 못 되는 백성은 집을 버리고 산으로 들어가 도적이 되고는 했다.

그렇게 나라 전체가 혼란을 거듭하고 있던 그 무렵에 견훤은 마침내 중대한 결심을 했다.

**승무**
불교 의식 무용설로는 석가 세존이 영취산에서 설법할 때 가섭이 그 뜻을 알고 춤을 추었다는 교리적 측면의 유래설과 또 악신 건달바가 영산회상의 장엄한 광경을 춤으로 묘사했다는 설, 위나라의 조자건이 천태산에 올랐다가 범천에서 들려오는 소리에 고기 떼가 춤을 추는 모습을 보고 춤으로 옮긴 것이라는 등의 불교 문화사적 기원설이 있다.

"그동안 내가 충성을 바쳐온 신라의 조정에 더 이상은 기댈 것이 없다는 사실을 알았다. 간신들은 여왕을 가까이 하면서 정권을 농락하고 나라의 기강은 문란해질대로 문란해졌다. 망국의 길을 걸은 지 오래된 이 나라를 두고 볼 수만은 없다! 수년 간 기근이 계속되어 백성은 고향을 버리고 이리저리 떠돌다 도적 떼로 변했고, 사방에서 도적 떼가 벌 떼처럼 일어나고 있다. 이제 나는 신라 조정의 명을 거역하고 새로운 나라를 세우겠다!"

견훤이 마침내 일어설 것을 결심하자 많은 무리들이 견훤을 따랐다.

"모두 장군 뒤를 따르자!"

"견훤 장군을 모시고 새로운 나라를 일으키자!"

그런데 889년에 사벌에서 농민들의 반란이 일어났다.

민란을 이끈 인물은 원종, 애노였는데, 그들은 사벌의 군주 우운을 죽이고 사벌성을 장악했다.

"영기는 군대를 이끌고 반란군을 진압하라!"

당황한 진성여왕은 관군을 파견했는데 나마 직책이었던 영기는 반란군을 보자 겁을 집어먹고 싸울 엄두조차 내지 못했다. 오히려 열 살 정도밖에 안 된 우운의 아들이 힘써 싸우다가 전사했다.

"조정이 반란군 진압에 실패한 것은 아무 힘도 없다는

뜻이지."

"아무 힘도 없는 허수아비 같은 조정에 충성할 까닭이 있겠나?"

원종, 애노의 반란 사건을 계기로 전국 각처에서 크고 작은 반란 사건이 잇따라 일어나기 시작했다. 그러자 그 기회를 놓치지 않고 지방 호족들이 힘을 형성하여 앞 다투어 군대를 일으켰다. 호족들은 자기가 사는 지방에서 권력과 재력, 군사력을 가지고 있었기 때문에 쉽게 반란을 일으킬 수 있었다.

그 무렵, 견훤의 아버지 아자개도 상주성을 근거지로 삼아 스스로 장군이라 부르고 군대를 일으켰다.

견훤은 아버지가 상주를 접수했다는 소식을 듣고 군사를 이끌고 곧바로 그곳으로 달려갔지만 오래 머물 수가 없었다. 아자개는 두 아내를 두고 있었는데, 첫 아내에게서는 견훤을 낳았고, 둘째 부인에게서 능애, 용개, 보개, 소개 등 다섯 명의 아들을 낳았다. 견훤은 어려서부터 계모를 비롯한 이복 형제들에게 감정이 좋지 않았다.

"아버지만 계신다면 얼마든지 내가 오른팔 노릇을 하겠지만, 계모가 있는 한 아무리 애를 써도 그 공은 내게 돌아오지 않는다."

아자개 휘하를 벗어날 계획을 세운 견훤은 자신을 따르는 군사를 모았다.

"나는 이제 큰 뜻을 품고 이곳을 떠난다. 군사들이여! 나를 따르고 싶은 자는 따르고, 그렇지 않은 자는 따르지 않아도 된다. 나는 그대들의 판단을 막지 않겠다!"

견훤이 외치자 따르겠다고 나선 군사가 30명이었다.

"너무 적은 숫자입니다. 이 숫자로 어떻게 큰일을 할 수 있겠습니까?"

견훤을 따르는 군사들이 걱정스럽게 물었다.

"우선 가까운 지역을 돌며 군사를 모으겠다. 신라 조정에 불만을 품고 있는 많은 젊은이들이 나를 따를 것이니 염려할 것 없다!"

견훤은 군사를 이끌고 상주성을 떠나 승평군(지금의 전라남도 순천)으로 향했다.

"우리야말로 신라의 군대다. 우리는 이제부터 백성의 피로 배를 채우는 관리들을 없애고 백성들이 편하게 사는 나라를 이룩하겠다!"

견훤이 고을을 돌 때마다 많은 젊은이들이 그 뒤를 따랐다. 견훤은 가는 곳마다 큰 환영을 받았다.

"이제 우리의 큰 뜻을 펼칠 수 있는 무진주로 진격한다!"

견훤은 무진주를 향해 진격하며 부하들에게 단단히 타일렀다.

"우리는 절대 조정에서 말하는 도적 떼가 아니다! 힘없는 백성을 괴롭히는 것은 도적 떼들이나 하는 짓이다! 멋대로 행동하고 힘없는 백성을 괴롭히는 자는 내가 용서하지 않겠다! 우리는 진정으로 나라를 위하는 관군이다!"

견훤이 이끄는 부대는 승평군 관아를 공격했다. 느닷없이 견훤 부대의 공격을 받은 승평군 태수는 당황해서 어쩔 줄을 몰라 했다.

 그동안 섬 지역에서 해적들과 맞서 싸웠던 견훤과, 창 한 번 제대로 쥔 적이 없었던 관군은 적수가 되지 못했다. 승평군은 순식간에 견훤의 손아귀로 들어갔다.

 "나는 백성을 괴롭히는 못된 도적 두목이 아니다. 백성을 괴롭히는 관리를 벌주기 위해 일어섰다. 그동안 재물을 탐내고 백성을 괴롭힌 관리가 죄를 뉘우치고 항복하면 살려주겠지만, 잘못을 뉘우치지 않는 자는 단칼에 베어버리겠다!"

 견훤은 창고의 곡식을 풀어 굶주린 백성에게 나누어 주었다.

 "견훤 장군이야말로 하늘에서 내린 인물이 분명해!"

 "그렇고 말고! 못된 관리들 손아귀에서 빼앗은 곡식과 재물을 혼자서 차지하지 않고 우리에게 나누어 주고 있지 않은가."

 견훤에 대한 소문이 퍼지자 그를 따르는 군사는 순식간

에 눈덩이처럼 불어났다.

892년 가을, 견훤은 각 고을에 영을 내려 사병을 금성(지금의 나주)으로 모이게 했다.

"추수가 끝나면 우리는 무진주(지금의 전라도 광주)로 향한다! 우리는 하늘의 도움을 받고 있는 군대다! 아무도 우리 앞을 막을 수 없다!"

추수를 하여 군량미도 충분해졌고 군사들도 강한 훈련으로 단련되자, 마침내 견훤은 군사를 이끌고 무진주로 진격했다.

서남해안은 먹을 물이 풍부해 크고 작은 섬들은 왕실이나 황룡사 같은 큰 사찰에서 쓸 물자를 마련해 놓은 곳이었다. 그리고 귀족들의 목장에는 보통 수십 마리의 말이 있게 마련이었다.

"바닷가의 고을을 공격할 때면 우선 말이 있는 섬부터 점령하라!"

"소나 돼지를 잡아 병사들에게 실컷 먹여라! 배불리 먹

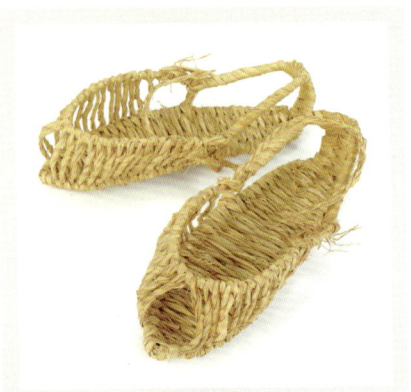

**짚신**
짚신은 볏짚으로 삼은 신이다. 가는 새끼를 꼬아 날을 삼고 총과 돌기총으로 울을 삼아서 만든다. 서민층에서는 남녀 모두 신었으며, 왕골짚신·부들짚신같이 섬세하게 잘 만들어진 짚신은 사대부가 신었다.

고 남은 고기를 얇게 포를 떠서 잘 말려라! 그래야 군사들이 언제든지 배를 곯지 않을 수 있다!"

견훤은 군사들이 언제든지 배불리 먹을 수 있도록 했다. 또한 병사마다 말 한 필씩을 길들이게 하고, 말 위에서 활을 쏘고 창과 칼을 쓰는 훈련을 시켰다.

"훈련이 힘들지만 어지러운 나라를 우리 손으로 구한다는 생각을 하면 잠자는 시간이 아깝다니까."

"다른 장군들은 자기들은 배불리 먹으면서 군사들을 쫄쫄 굶기고 고된 훈련만 시킨다는데, 견훤 장군은 언제든지 군사들 먼저 챙기시는 분이야."

군사들의 실력은 나날이 강해져 갔고, 누구도 대적할 수 없는 강한 군대로 성장했다. 이미 견훤이 거느리는 군사의 수는 5천 명이 넘어 있었다.

  무진주에는 1만 명의 조정 병력이 주둔하고 있었다. 하지만 견훤의 5천 군사들이 성을 에워싸자 지레 겁을 먹은 도독은 싸울 의욕을 잃고 일찌감치 도망을 쳤고, 견훤 부대는 힘들이지 않고 무진주를 점령할 수 있었다.

  "무진주를 점령했으니 우리는 신라 조정의 명령권에서 완전히 벗어나 독자적인 세력을 갖게 되었다! 모두 용기를 내라! 이제 신라는 우리 손안에 있다!"

  견훤은 쉬는 동안 군사들로 하여금 배불리 먹으며 전쟁으로 지친 몸과 마음을 다스리게 했다.

  "이제 새로운 나라를 세울 만큼 힘이 있으니 왕의 자리에 오르셔야지요."

  부하들은 견훤이 하루빨리 나라를 세우고 왕의 자리에 오르기를 바랐지만 견훤은 서두르지 않았다.

"나는 기필코 백제의 왕이 된다. 그러나 아직은 이르다. 좀더 때를 기다려야 한다."

견훤은 부하들의 요청을 물리쳤다.

『삼국사기』에 따르면 신라의 혼란이 극에 달했던 진성여왕 6년에 견훤이 봉기한 것으로 보인다.

> '서울 서남쪽의 주·현들을 진격하니 가는 곳마다 메아리쳐 호응하여 그 무리가 달포 사이에 5천여 명에 달하였다. 견훤은 자신을 따르는 무리들을 이끌고 무진주를 점령하여 스스로 왕이 되었다.'

견훤은 무진주를 거점으로 삼아서 스스로 백제의 왕을 칭했다고 보아야 한다. 그때가 892년이었고, 신라 진성여왕 재위 6년째 되던 해였다. 견훤이 무진주를 거점으로 삼은 데는 그곳이 백제의 땅이었기 때문이다. 견훤은 과거의 그 지역 세력을 규합하여 신라와 대립하려 했던 것이고, 그러자면 반드시 백제라는 국호가 필요했다.

그런데 『삼국사기』와 『삼국유사』에는 이런 기록이 있다.

'그는 마침내 무진주를 습격하여 스스로 왕이 되었으나 감히 드러내놓고 왕이라고 일컫지 못하였다.'

견훤은 신라 조정에 사신을 파견하기로 하였다.

"신라국의 왕을 찾아가서 나에게 벼슬을 내려 달라고 청하여라."

'신라 조정은 무주와 전주와 공주 지역들을 관할하는 최고의 군사 책임자로서 나를 인정하도록 하시오. 또한 2천 호의 식읍을 내어주시오.'

견훤이 신라 조정에 서찰을 보내어 직책을 내려 달라고 요구하려하자 측근들이 완강하게 반대하고 나섰다.

"장군께서는 얼마든지 왕위에 오를 수 있습니다. 그렇게 하면 신라 조정에서도 예를 다해 백제왕으로 대할 것인데 어찌하여 스스로 신하가 되려 하십니까?"

하지만 견훤은 생각을 바꾸지 않았다.

"이미 나는 무진주에 나라를 세운 백제의 왕이나 다름없다. 지금 신라 왕조는 속이 텅 비어 있는 허수아비에 불과하다. 하지만 천 년이나 되는 기나긴 세월을 지킨 역사 깊은 왕조다. 역사는 한순간에 지워지지 않는다. 우리가 제아무리 강해도 신라가 가진 권위를 한순간에 지우기란 불가능한 일이다. 그러니 신라의 존재를 겉으로만 인정하면서 신하 행세를 하자는 것이다. 아직 우리는 신라 조정과 맞설만한 능력을 덜 갖추었으니 이렇게 하는 것이 먼 훗날을 위해 유리하기 때문이다."

무진주는 신라 조정에도 없어서는 안 될 곳이었다. 그 어느 곳보다 곡식이 가장 많이 생산되는 지역이었다.

"만약에 내가 지금 당장 백제왕이라 선언한다면 신라 조정은 이 지역을 되찾기 위해서 공격해 올 수가 있다. 비록 신라 조정이 종이호랑이 신세가 되어버렸다 해도 이곳을 되찾기 위해 물불을 안 가릴 것이다. 그렇게 된다면 우리 쪽 손실도 만만치 않을 터이니, 그것은 새로운 나라를 꿈꾸는 우리에게도 바람직한 일이 결코 아니다. 내가 2천 호의 식읍과 벼슬을 요구하는 것도 그 이유 때문이다."

견훤은 서둘러서 왕을 자처함으로써 신라 조정의 신경을 거스르거나 적으로 만들 필요가 없다고 판단했다.

## 견훤과 궁예의 대결

그러던 어느 날, 북원(지금의 원주)에 자리 잡은 양길이 국원(지금의 충주), 괴양(지금의 괴산), 청주까지 손아귀에 넣었다는 소식이 날아들었다. 양길의 세력을 못마땅하게 여긴 견훤은 김총, 박영규(견훤의 사위) 등 측근을 불러놓고 의논했다.

"우리가 지금 가장 경계해야 될 대상은 북원경 일대를 거점으로 하여 나날이 세력을 넓혀가는 양길이라는 자다."

"듣기로는 양길이 궁예라는 애꾸눈 장수에게 군사를 주어서 북동쪽 일대의 주·현들을 정복하고 있다 합니다."

"궁예라면 헌안왕의 서자가 아니냐. 그 자는 기훤에게 갔다가 대접이 소홀한 것에 불만을 품고 부하를 이끌고 양길을 찾아가지 않았더냐?"

"그렇습니다. 비록 애꾸눈이지만 부하를 다스리는 솜씨가 보통이 아니어서 가는 곳마다 백성과 호족들이 줄지어 투항하고 있습니다."

**대금 연주**
궁중 음악과 민요 연주에 모두 쓰이며, 현대의 영화 음악이나 대중 음악에서도 사용된다. 신라 시대에는 같은 형태이나 크기가 작은 중금, 소금과 묶어 삼죽(三竹)이라고 불렀다.

"양길은 30여 성을 거느리는 대호족입니다."

"흐음, 만만하게 볼 세력은 아니로구나."

견훤은 양길에게 사신을 보내어 자신의 존재를 알리기로 했다.

"나는 양길에게 사신을 보내어 그에게 비장 벼슬을 내리겠다! 양길이 내 말을 받아들이면 참으로 좋은 일이고, 설령 무시한다고 해도 손해 볼 일은 아니다."

비장은 견훤이 신라의 군인으로 활동하면서 해적 소탕 임무를 수행할 무렵의 벼슬이었다.

 양길은 강원도 원주에 본거지를 두고서 청주, 국원(지금의 충주)을 비롯하여 한강 남쪽의 광주(지금의 경기도 광주)에 이르기까지 30여 성을 거느린 강력한 호족이었다. 그런 대호족에게 비장이라는 벼슬을 내린 것은 신라 조정에는 공식적으로 왕이라 칭하지 않았지만, 견훤 자신이 임금의 지위에 있음을 양길에게 과시하려 했다고 볼 수 있다.

 견훤은 양길의 부하로 이름을 날리고 있는 궁예가 더 신경이 쓰였다.

 "헌안왕의 서자라면 야망이 남다를 것이다. 비록 버림받았지만 분명히 왕족이 아닌가. 헌안왕은 아들이 없어 사위에게 왕위를 넘겨주었다. 그가 만일 버림받지 않고 무사히 왕족으로 살았다면 당연히 신라왕의 자리에 앉았을 것이다. 그런 그가 고아처럼 떠돌다가 양길의 부하가 되었다면, 언젠가는 분명히 잃어버린 왕의 자리를 되찾으려 할 것이다."

견훤의 판단대로 궁예는 서서히 힘을 길러 독자적인 세력을 키워갔다. 891년 무렵에는 고작 기병 백여 명을 이끌 정도였지만 894년에는 무려 3천 5백 명을 거느린 장군으로 성장해 있었다.

궁예는 체계적으로 부대를 13개로 나누어 지휘 체계를 확립해 나갔다.

그렇게 사방에서 반란이 일어나 나라가 혼란을 거듭하자 다급해진 진성여왕은 당나라에서 널리 이름을 떨쳤던 최치원을 불렀다.

"그대는 당나라에서 황소의 난이 터졌을 때 '토황소격문'을 써서 황소의 난을 진압한 공로를 세웠소. 그 능력을 발휘하여 신라를 지켜주시오."

"마마, 지금 나라 곳곳에서 좀도둑이 들끓고 있으며, 어지러운 민심을 부추겨서 반역의 무리들이 드러내놓고 조정을 배반한 채 반란의 깃발을 올리고 있습니다. 서둘러 이 어려움을 극복하자면 반드시 시행해야 될 시무책(時務策)이 있습니다."

최치원은 진성여왕에게 '시무 10여 조'를 지어 올렸다.

『삼국사기』〈신라본기〉에는 최치원이 진성여왕에게 올린 '시무 10여 조'에 대해 이렇게 기록해 놓았다.

'진성여왕 8년 2월에 최치원이 '시무 10여 조'를 올리니 왕이 이를 가납하고 최치원을 아찬으로 삼았다.'

하지만 최치원의 '시무 10 여조'의 내용이 무엇인지는 알 수가 없다. 아마도 골품제로 상징되는 폐쇄적인 인재 등용 제도에 개혁을 단행하라는 내용과 백성들로부터 조세를 거두어들이는 문제에 관한 개혁안도 들어 있었을 것이라고 짐작된다.

그런데 최치원의 '시무 10여 조'는 진골과 귀족들의 반대로 실행하지 못했고, 실행하려 했어도 이미 신라는 모든 기능을 상실한 상태였다.

그 무렵에 궁예는 세력을 더욱 넓혀 주천(지금의 강원도 영월), 을오(지금의 평창 지역), 어진현(지금의 경상북도 울진) 등을 차례로 확보했다. 그런 뒤에 하슬라(지금의 강원도)로 진격했다.

"이제 하슬라에 이르렀으니 나는 스스로 장군 자리에 오르겠다!"

하슬라로 진격한 궁예는 스스로를 장군이라 불렀다.

그 일은 『삼국사기』〈신라본기〉에 자세히 기록되어 있다.
'진성여왕 8년(894) 10월에 궁예가 북원으로부터 하슬라로 들어갔는데 그 무리가 6백여 명에 이르렀으며 궁예는 스스로 장군이라 칭하였다.'

궁예는 견훤과는 달리 아무 것도 가진 것 없이 양길의 휘하로 들어가 양길로부터 기병 100명을 얻어 정복 활동을 펼쳤다. 당시에 양길과 같은 호족들은 모두들 스스로를 성주, 혹은 장군이라고 칭했는데, 하슬라를 확보한 궁예도 드디어 자신을 장군이라고 천명한 것이다. 그것은 양길의 휘하에서 벗어나겠다는 선언이기도 했다.

궁예는 896년에는 송악(지금의 개성)을 장악하고 있던 왕건의 아버지 왕륭을 신하로 맞아들여 세력을 굳혔다. 그리고 패서(지금의 황해도와 평안도 일대) 지역과 한산주 30여 성을 빼앗고 송악군에 도읍을 정해 국가의 기틀을 갖춰나갔다.

그런데 진성여왕 10년에 또다시 큰 반란이 일어나 나라를 더 깊은 혼란에 빠뜨렸다.

"서남 지역에서 적고적(도둑 떼)들이 출현하여 무리지어 다니면서 닥치는대로 약탈을 일삼고 있습니다!"

진성여왕은 또 반란이 일어났다는 말에 어찌할 바를 몰랐다.

"서라벌 외곽을 방비하는 군사들은 무엇을 했기에 괴수들이 날치고 다닌단 말이더냐?"

"군사들이 손을 쓸 틈도 없이 변방의 주와 현을 노략질하고 다니는데, 이제는 서라벌의 서부인 모량리까지 와서 재물들을 약탈해 갔습니다. 갈수록 무리가 불어나서 이제는 지방의 군사들도 감히 손을 못 쓸 지경에 이르렀습니다."

적고적이란 '붉은 바지를 입은 도적'이라는 뜻이다.『삼국사기』〈신라본기〉에는 적고적에 대해 이렇게 기록해 놓았다.

'진성여왕 10년, 도적들이 서남쪽에서 봉기하였다. 그들은 바지를 붉게 물들여 남들과 구별하였기 때문에 사람들은 그들을 '붉은 바지를 입은 도적' 즉 적고적이라고 불렀다. 그들은 주와 현을 도륙하고 서울의 서부 모량리까지 와서 인가를 위협하고 약탈하여 돌아갔다.'

도적 떼들이 수도인 서라벌까지 쳐들어와서 노략질을 일삼는데도 어찌 해볼 수 없을 만큼 신라의 왕실과 조정의

**장승**
장승은 마을 또는 절 입구 등에 세운 사람의 얼굴 모양을 새긴 기둥이다. 장승은 지역 간의 경계나 이정표 또는 마을의 수호신 구실을 했으며, 장소에 따라 채색이나 모양, 크기가 달랐으며 나무나 돌로 만들었다.

처지는 처참해져 있었다.

이제 신라는 천 년 사직이라는 전통만으로 간신히 버티고 있을 뿐이었다.

897년, 진성여왕은 군신들을 한자리에 모았다.

"근년 이래로 백성의 생활이 곤궁해지고 도처에서 도적들이 봉기하니 이는 필시 과인이 덕이 없기 때문이다. 하여, 과인은 숨어 지내던 어진 조카에게 왕위를 물려주기로 결정하였으니 모두들 새로운 왕을 중심으로 받들도록 하라."

진성여왕은 왕의 자리에서 물러날 것을 결정하였다.

"헌강대왕의 아들인 요(훗날 효공왕)를 불러다 장차 이 나라를 이어가게 하겠노라!"

진성여왕은 헌강왕의 아들 요를 왕위에 앉히려 했다. 헌강왕이 세상을 뜰 무렵에 요는 태어난 지 불과 몇 달 되지 않은 갓난아기였고, 그 탓에 헌강왕의 동생인 정강왕이 왕위에 올랐다. 그러니까 요는 진성여왕의 조카가 되었다.

"요가 헌강대왕의 아들이라는 증거가 어디 있단 말입니까?"

"나라가 이토록 위태로운 지경에 놓였는데 어찌하여 근본도 정확하지 않는 자에게 왕위를 넘기려 하십니까?"

대소 신료들은 요의 왕위 계승을 반대하고 나섰다.

"본래 과인의 형제 자매들은 골격이 남다른 데가 있으니

라. 요의 등 위 양쪽에 뼈가 볼록 솟아올라 있는 것을 보아 하니 헌강대왕의 아들이 틀림없다."

『삼국사기』〈신라본기〉에는 헌강왕의 아들인 요에 대해서 이렇게 기록해 놓았다.

'처음에 헌강왕이 사냥 구경을 하다가 길 옆에서 한 여인을 보았는데 그녀는 자태가 아름다웠다.

왕이 마음속으로 그녀를 사랑하여 수레 뒤에 몰래 태우고 행제소에 데리고 와서 잤는데, 바로 임신이 되어 아들을 낳았다. 그 아들이 장성하자 체격이 크고 용모가 걸출하므로 이름을 요(嶢)라고 하였다.

진성여왕이 이 소문을 듣고 그를 궁으로 불러들여 태자로 삼았다.'

진성여왕이 서둘러 요를 태자로 책봉한 것은 요가 왕족으로 인정되지 않았기 때문이기도 하고, 왕위를 다른 세력이 아닌 경문왕 후손이 계속 잇게 하려는 데 이유가 있었다.

"헌강대왕은 과인의 오라버니이고, 요는 과인의 조카가 된다. 과인에게는 자식이 없으니 요에게 왕위를 넘겨주는 것은 당연한 일 아닌가?"

진성여왕은 신하들의 반대를 무릅쓰고 요에게 왕위를 넘겨주었다.

왕위에서 물러난 진성여왕은 북궁(지금의 해인사)으로 거처를 옮겼다.

북궁은 진성여왕의 남편이었던 위홍의 원당(소원을 빌기 위하여 세운 집)이었다.

"참으로 힘들고 외로운 세월이었다. 사방에서 반란이 일어나서 신라가 붕괴되어 가는 모습을 내 눈으로 어찌 다 볼 것인가. 이제야 한 마리 새처럼 자유로워졌으니 북궁으로 들어가 위홍과 함께 잠들고 싶구나."

진성여왕은 권력을 놓은 뒤 위홍의 원당인 북궁으로 들어가 그곳에서 숨을 거두었다.

유학자였던 매계 조위(조선 전기의 문신, 학자)는 '해인사전권후(海印寺田券後)'라는 글에서 진성여왕의 말년을 이렇게 기록해 놓았다.

'해인사는 북궁 해인수라고 칭해지다가 진성여왕 4년 이후부터는 비로소 '혜성대왕 원당'이라고 칭하였다. 각간 위홍이 진성여왕 2년 2월에 죽었기 때문에 진성여왕은 위홍을 혜성대왕으로 추봉하였다.

따라서 여기 보이는 혜성이라는 것은 각간 위홍임을 의심할 바 없다.

또한 여기 나오는 강화 부인은 반드시 위홍의 처를 일컫는다. 진성여왕은 효공왕에게 왕위를 전하고 나서 12월에 북궁에서 죽었다 했는데, 생각건대 해인사가 위홍의 원당이라 진성여왕이 왕위를 버리고 권력을 놓은 후 오로지 위홍을 사모하는 생각으로 불우지중(佛宇之中)에 몸을 맡겨 마침내 여기에서 죽으니 그 동혈지지(同穴之志)하고자 함이 또한 분명하다.'

조위는 진성여왕이 위홍과 함께 묻히기를 원했다고 기록해 놓았다.

# 견훤이 꿈꾸는 세상

진성여왕이 세상을 뜬 2년 뒤, 견훤은 군사를 이끌고 완산주(지금의 전주)로 이동했다.

"나는 그곳에 가서 새로운 나라를 세우고 왕의 자리에 오르겠다!"

그러나 완산주에 나라를 세우려는 견훤의 결정을 아무도 이해하지 못했다.

"어찌하여 이곳 무진주를 버리고 완산주까지 가시려 하십니까?"

"이곳은 후백제의 도읍으로 삼기에는 너무 아래쪽에 치우쳐져 있다."

"그렇다면 차라리 더 북상해서 부여나 공주를 도읍지로

정하는 것이 나을 것입니다."

"그 지역은 궁예 세력과의 최전방 지점이다. 전방에서 거리를 두고 내려다 볼 수 있는 지역이라면 완산주가 가장 좋은 지역 아닌가. 큰 강은 아니지만 세력을 유지할 수 있는 강도 있고, 산맥들이 이어져 있어 적을 막

**연과 얼레**
연은 정월 초하루부터 대보름까지 날리는데, 대보름에는 연을 띄운 후 실을 끊어 멀리 날려 보내는 전통이 있다.
그 이유는 나쁜 것을 내보내고 복을 맞아들인다는 것으로 풀이되며, 이것은 아마 토속 신앙과 관련이 있는 것으로 보이며, 그 유래는 신라 시대에서 찾아볼 수 있다.

기에도 충분하다고 판단된다. 그곳은 중간 지점이니 나머지 지역도 잘 제압할 수 있고 궁예와 대결이 벌어질 때도 유리한 곳이기 때문이다."

견훤은 무진주 일대는 옛날 백제 사람들을 끌어 모으기에 충분하지 않다고 판단했다.

"백제 왕국이 존재했을 당시에 무진주는 백제의 한 구석에 지나지 않았다."

마침내 견훤은 완산주에 있는 호족의 항복을 받아 완산성으로 들어갔다.

"썩은 관리들의 꼭두각시 노릇이나 하는 것도 지쳤는데 견훤 장군이 들어왔으니 얼마나 고마운 일이야."

"다른 마을을 습격해서 재물을 약탈하는 짓거리로 힘자랑을 하는 다른 호족들과 견훤 장군과는 여러 가지로 다르다더군."

힘을 내세워 고을 백성을 함부로 다루었던 호족들 밑에서 마지못해 살던 사람들은 견훤의 등장을 몹시 반겼다.

"내가 삼국이 세워질 때부터를 더듬어 보건대, 마한이 맨 먼저 일어났고, 그 뒤에 혁거세가 일어났으며, 진한과 변한이 뒤따라 일어났다. 백제가 금마산에서 개국하여 6백여 년이 지났을 때, 당나라 고종이 신라의 요청에 의하여 장군 소정방을 보내 수군 13만을 거느리고 바다를 건너왔고, 신라의 김유신도 땅을 휩쓸고 와서 황산을 지나 사비에 이르러 당나라 군사와 협력하여 백제를 멸망시켰다. 그러하니 내가 이곳 완산에 도읍을 정한 마당에 어찌 의자왕의 오랜 분노를 갚지 않겠는가! 이제부터 나는 백제의 왕임을 선포하노라! 물론 나라 이름은 후백제로 정한다!"

견훤은 백성에게 신라는 정통성 있는 지배자가 아니라 정복자였고, 따라서 백제를 재건하고 신라를 멸망시켜 분을 풀어야만 한다는 것을 백성에게 널리 알려 지지기반을 다지려 했다.

『삼국사기』〈신라본기〉에는 그 일을 이렇게 기록해 놓았다.
'완산의 도적 견훤이 완산주에 웅거하여 스스로 후백제라 칭하였다.'

〈열전편〉 '견훤전'에도 비슷하게 기록되어 있다.

'견훤은 드디어 스스로 후백제 왕이라 칭하고 모든 관서를 설치하여 관직을 분정하였다.'

고려의 역사서 『삼국사기』의 기록대로라면 의자왕은 충신을 멀리하고 간신배에게 둘러싸여서 나랏일을 방기하였고, 또한 사적으로 문란하고 방탕한 행실을 일삼아 결국 백제를 멸망시킨 왕이라는 부정적인 내용이다. 그런데 견훤은 옛 백제 지역에 찾아가서 그 유민들의 후손들에게 "의자왕의 원수를 갚겠다."고 선언했다. 그것은 백제인들이 의자왕을 나쁜 왕으로 기억하고 있지 않다는 것을 증명하고 있다.

견훤은 도읍을 완산성으로 정하고 스스로 왕의 자리에 올라 연호를 정개라고 정했다.
"나라의 제도와 관직을 정비하도록 하라! 또한 중국 강남의 오월국에 사신을 보내어 외교 관계를 맺도록 하라!"
그 무렵의 중국은 당나라가 망하고 5대 10국이 일어나 세력을 다투면서 대륙 전체가 혼란에 휩싸여 있었다.

907년에 당나라가 멸망하자 중국 대륙의 북부에서는 후량, 후당, 진, 후한, 후주 등 다섯 개 나라가 서로 중앙 왕조를 자처하며 각축을 벌였다. 또한 중국 남부에서 10개국, 즉 전촉, 후촉, 형남, 초, 오, 남당, 오월, 민, 남한, 북한 등이 분할 통치를 하고 있었는데 그 시기를 중국사에서는 화북 지역에 5대국이 있었고, 남부에 열 개의 나라가 있었다고 해서 '5대 10국' 시대라고 불렀다.

'5대 10국'은 송나라가 건국되어 전국을 통일하는 979년까지 이어졌다.

그 무렵에 5대 10국 중에서 가장 강한 나라는 오나라였다. 따라서 견훤이 사신을 보내려는 오월국은 오나라에 비해 작은 나라였기 때문에 그 나라의 책봉을 받는 것은 큰 의미가 없었다. 그러나 견훤은 서둘러 사신을 파견했다.

"중국의 왕조로부터 제후국임을 인정받아 책봉을 받는다면 후백제를 통치하는 데 도움이 될 것이다."

한편, 899년 7월에 한바탕 큰 전쟁이 벌어졌다. 바로 독립을 선언한 궁예와 양길 세력이 맞닥뜨린 것이다.

당시에 양길은 아직 북원에 있으면서 국원성 등 30여 개 성을 차지하고 있는 대호족이었다. 양길은 자신의 부하였던 궁예가 차지한 땅이 넓고 백성이 많다는 소문을 듣고 크게 화를 내며 거느리고 있던 10여 개 성의 강한 군사를 동원해 궁예를 습격하였다.

"그자가 내 밑에 들어와서 받아간 군사를 이끌고 땅을 얻었다면 당연히 획득한 땅과 인마를 내게 바치고 명령에 따라야 하거늘, 스스로 장군이라 칭하면서 새로 얻은 드넓은 땅의 주인 노릇을 한단 말이냐. 내 그놈을 죽여 이 분함을 풀어야겠다!"

하지만 양길의 움직임을 먼저 파악한 것은 궁예였다.

"감히 나를 건드리려 들다니! 나는 헌앙대왕의 아들이

다! 네 놈들한테 당할 것 같으냐!"

궁예는 비뇌성(지금의 경기도 안성 부근)에서 양길의 군사와 맞붙었다.

"궁예를 없애라! 놈이 차지한 땅과 인마를 되찾아라!"

그러나 양길과 궁예의 전투는 궁예의 승리로 끝났다.

『삼국사기』〈신라본기〉'효공왕조'에는 그 싸움에 대해 이렇게 기록해 놓았다.

'북원의 적수 양길은 궁예가 자신을 배신하였음을 미워하며 국원성 등 10여 곳의 성주들과 함께 궁예를 공격할 것을 모의하고 군사를 비뇌성 아래에 진군시켰다. 그러나 양길의 군대는 궁예의 군사들에게 패하여 달아났다.'

"힘있는 양길이 궁예에게 무릎을 꿇다니, 참으로 놀라운 일이다. 앞으로 나 견훤은 궁예와 한판 대결을 피할 수가 없겠구나."

**도선사 연등 행사**
도선사는 서울특별시 강북구 우이동에 위치한 사찰이다. 신라 경문왕 2년 도선(道詵)이 세운 것으로 알려져 있다.

견훤은 나날이 강성해지는 궁예의 세력을 크게 경계하기 시작했다.

양길 세력을 물리친 궁예는 거침없이 남쪽으로 영역을 확대해 나가고 있었다.

900년 10월에는 그동안 궁예에게 적대적이었던 국원, 청주, 괴산의 우두머리였던 청길과 신훤 등이 궁예에게 성을 바치고 투항했다.

그렇게 영역을 확대시킨 궁예는 마침내 901년, 후고구려를 세웠다. 그렇게 해서 이제 한반도에서 후백제의 견훤만이 궁예 세력과 대적할 유일한 세력으로 존재했다.

지금의 전라도 지역에서는 견훤의 후백제가, 경상도 쪽에서는 마지막 명맥을 유지하고 있는 신라가, 그리고 북쪽에서는 궁예가 고구려를 계승할 것을 표방하면서 각각 다른 나라를 세웠다. 그렇게 후삼국 시대가 시작되었다.

"궁예가 고구려를 계승하여 나라를 세웠다고? 당장 대야성(지금의 경남 합천)을 쳐서 궁예보다 먼저 신라 정복을 준비하겠다!"

901년 8월, 견훤은 3천의 기병을 몰고 대야성을 공격했다. 경상도의 낙동강 서쪽 지대를 장악하고 이어 서라벌을 치기 위한 준비였다.

"대야성을 무너뜨려라!"

"손을 들고 항복해 오는 군사는 살려주되 끝까지 대항하는 자는 살려두지 말라!"

견훤이 이끄는 군사들은 대야성을 맹렬하게 공격했지만, 한 달이 넘어도 성을 정복할 수 없었다.

"사상자는 나날이 늘어가고 군사들의 사기도 땅바닥으

로 떨어졌습니다!"

"대야성을 공격하는 것은 다음으로 미루고 서둘러 철수하는 것이 현명할 것입니다!"

많은 장수들이 견훤에게 철수를 요구했다.

"할 수 없구나. 군대를 일으킨 뒤에 승리하지 못하고 철수하기는 이번이 처음이다. 이런 일은 두 번 다시 겪지 않겠다!"

견훤은 철수를 결심했다. 그러나 견훤은 아무런 소득도 없이 철수하면 군사들의 사기가 좀처럼 회복되기 어렵다는 것을 잘 알고 있었다.

"금성(지금의 나주)에 출몰하는 도적들을 소탕하기 위해 대야성 공격은 다음으로 미룬다!"

견훤은 도적 소탕이라는 이유를 앞세워 대야성 공격을 중단하고 금성으로 병력을 옮겼다.

서기 905년 8월에 해당하는 『삼국사기』〈신라본기〉에는 저

물어가는 신라 왕실의 모습을 기록해 놓았다.

'효공왕 9년 8월, 궁예가 군사를 일으켜 거느리고 우리 신라의 변읍을 침입하여 죽령 동북에 들어오므로 왕은 강토가 날로 줄어감을 듣고 심히 근심하였으나 힘으로 능히 이를 막을 수 없었다. 왕은 모든 성주들에게 명하여 나가서 마주쳐 싸우는 것을 삼가고 성문을 굳게 닫고 수비만 하라고 하였다.'

그런 기록으로 보아 견훤이 대야성을 공격했을 때도 대야성의 성주는 성문을 굳게 닫은 채 수비에만 치중했을 것으로 보여진다.

견훤은 금성을 손안에 넣기 위해 여러 차례 군대를 동원했지만 독특한 지형을 이용한 호족들의 대항으로 번번이 실패하고 있었다. 그러나 금성은 도성과 완전히 단절된 상태였고, 사방이 견훤의 세력으로 에워싸여 있어서 금방이라도 무너질 듯 위태로운 상황이었다.

금성 땅을 노리기는 궁예도 마찬가지였다.

"해군 대장군 왕건은 금성을 장악하여 견훤의 세력을 막도록 하라!"

궁예의 명을 받은 왕건은 금성으로 내려가 호족들을 포섭했다. 그리고 군사를 잠입시킨 뒤에 마침내 금성을 장악했다.

비록 금성 땅이 궁예 손아귀로 들어갔지만 견훤은 서두르지 않고 민심부터 수습하려 애썼다.

"내가 처음 나타났을 때만 해도 백성은 관리들에게 부역과 수탈을 당하지 않고 살 수 있게 되었다고 기뻐했다. 그런데 계속되는 전쟁으로 많은 남자들이 목숨을 잃었고, 전쟁 물자 조달에 백성의 등골이 휘고 있다. 전쟁이라면 치를 떨고 있는 민심을 먼저 다스려야 한다."

견훤은 백성이 마음 놓고 살 수 있도록 조치를 내렸다.

"농사꾼은 농사를 짓고, 어부는 고기를 잡도록 하라. 병사들은 꼭 필요한 인원만 남기고 모두 고향으로 가게 하여 생업에 종사하도록 하라. 백성의 생활이 안정될 때까지 전쟁은 없다!"

백성은 직접 고을을 돌며 백성의 민심과 살림살이를 살피는 견훤을 모두 반겼다.

**강강술래**
전라도 지방 특유의 여성 민속놀이로 임진왜란에서 유래되었다고 한다. 한자어 '강강수월래(强羌水越來)'는 '강한 오랑캐가 물을 건너온다'고 해석하기도 한다. 또한 '강강'의 강은 '주위·원(圓)'이란 뜻의 전라도 사투리이며, 술래는 한자어 '순라(巡羅)'에서 비롯된 말로서 경계하라는 뜻을 지니고 있으므로 '주위를 경계하라'는 구호라고 보기도 한다.

"똑똑한 관리를 전국에 보내 못된 벼슬아치를 몰아내고 능력 있는 사람을 그 자리에 앉히겠다!"

"세금도 줄이고 가난한 집에는 곡식을 거저 주도록 하라!"

"외아들인 자, 몸이 약한 자, 집안이 어려운 자는 모두 고향으로 돌아가라!"

"내 밥상은 반찬의 가짓수를 줄이고, 밥도 보리와 콩을 섞어 먹겠다! 사치를 금하고 따르지 않는 자들은 결코 용서하지 않겠다!"

견훤은 강건한 병사들로 군대를 새롭게 편성하는 한편, 나라의 새로운 기운을 북돋기 위해 온힘을 기울였다.

나라 안은 차츰 평온이 깃들고 백성은 모처럼만에 안정된 생활을 누렸다. 견훤은 뛰어난 학자들을 불러 곁에서 동서고금의 역사적 사실이나 성현의 말씀을 소리내어 읽게 했다.

"나는 글을 읽을 줄 모르지만 뛰어난 스승들이 글을 읽어준다면 견문을 얼마든지 넓힐 수 있다."

그것은 견훤의 독특한 공부 방법이었다. 그러나 신하들은 학자들을 달갑게 여기지 않았다.

"하는 일 없이 책이나 붙들고 앉아 나라의 곡식이나 축내는 짐승들이 아닙니까. 뭐하러 그런 놈들을 가까이 하십니까?"

신하들이 제아무리 불평을 해도 견훤은 들은 체도 하지 않았다. 그 소문이 멀리 퍼지자 신라의 지식인이나 승려들이 스스로 찾아와 견훤의 서생을 자청하기도 했다.

"짐승을 잡아 건포를 만들고, 엿과 미숫가루를 만들어 창고에 가득 쌓아두도록 하라!"

견훤은 언젠가는 궁예와 한바탕 전쟁을 치를 것을 예감하고 있었고, 그 전쟁을 위해 물자를 차질 없이 준비했다.

그러나 903년, 금성 일대의 10여 군·현을 왕건의 수군 기습에 의해 빼앗긴데 이어 906년에는 상주의 사화진 일대에서 왕건과 싸워 지고 말았다.

금성과 금성 주변을 차지한 왕건은 금성을 나주로 고쳐 부르게 했다.

나주를 빼앗긴 것은 큰 충격이었지만, 909년, 견훤은 또 한 차례 오월국에 사신을 파견했다. 그런데 왕건은 중국 강남 오월국으로 가는 후백제의 사신을 붙잡고, 거란으로 가던 사신도 붙잡아 없앴다.

"이놈, 왕건! 내가 보내는 사신을 죽이다니! 절대 용서하지 않겠다!"

910년, 견훤은 보병과 기병 5천을 거느리고 단숨에 궁예의 남쪽 본거지인 나주를 공격하기로 결정했다.

"나주는 왕건을 비롯하여 금언 등의 장수들이 2천 5백 명의 보병과 기병으로 지키고 있다. 철저하게 계획을 세워서 나주를 반드시 빼앗아야 한다!"

그러나 궁예도 견훤과의 한바탕 격전을 대비해 많은 준비를 갖추고 있었다.

"오래 전부터 견훤이 건포와 엿, 미숫가루를 준비하고 있었다면 이미 전쟁 준비를 다 끝냈을 것이다! 견훤의 공격에 대비하여 1천 명의 군사를 보내어 왕건 장군을 돕도록 하라!"

그해 4월 견훤은 5천 군사들 앞에서 외쳤다.

"궁예의 졸개인 왕건이 나주성을 차지했지만 내 반드시 나주를 공격해서 죽은 군사들의 영혼을 위로하고 고통 받는 백성을 구출하고자 한다! 여러 장군과 군사들은 창과 칼을 높이 들고 내 뒤를 따르라!"

견훤은 나주성의 북쪽과 동쪽으로 군사를 나누어 일제히 공격했다. 그리고 나주성에 도착해서 다시 병력을 네 진으로 나누었다.

"성을 포위하고 차례대로 공격하라!"

명령이 떨어지자 1진, 2진, 3진, 4진, 후백제군의 공격이 끊임없이 이어졌다.

"포차와 충차로 성을 공격하라!"

우박처럼 수천 개의 돌이 성 안으로 날아 들어갔고, 왕건의 병사들은 지칠 줄 모르는 후백제군의 공격에 크게 흔들리기 시작했다.

공방전이 10일 동안 계속되는 가운데 견훤은 나주성이 이제 자신의 손에 들어왔다고 생각했다.

그런데 궁예가 보낸 지원군이 후백제군의 뒤쪽으로 순식간에 들이닥쳤다.

궁예의 지원군은 배를 타고 나주 포구로 들어와서 견훤의 군대를 기습 공격했던 것이다.

"앗! 적의 기습 공격이다!"

"모두 피하라!"

견훤의 군대는 순식간에 전열이 흐트러지면서 사상자가 늘어났다.

"전투를 계속한다면 돌이킬 수 없는 희생이 따를 것입니다!"

"나중 일을 생각해서 지금은 물러나야 합니다!"

많은 장수들이 견훤에게 후퇴를 주장했다.

"할 수 없군. 다음을 기약하는 수밖에!"

견훤은 이를 갈며 완산성으로 철수했지만 그대로 포기하지는 않았다.

"궁예가 보내는 지원군의 보급로를 끊는다면 반드시 승리할 수 있다!"

견훤은 곧바로 함선을 만들라는 명령을 내리고, 바닷가에서 자라나 물길에 밝은 병사들을 따로 뽑아 해군 부대를 조직했다.

912년 봄, 견훤은 함대를 이끌고 목포만 근처 덕진포에 도착했다.

그러나 왕건은 견훤의 대함대가 남쪽으로 내려온다는 소식을 듣고, 함대를 눈에 띄지 않는 곳에 미리 숨겨둔 채 기다리고 있었다.

"이상하구나, 쥐새끼 한 마리 안 보이다니? 미리 겁을 먹고 도망이라도 쳤단 말인가. 이렇게 방비가 허술하지 않을 텐데……."

견훤은 바짝 긴장해서 주변을 살폈다.

"왕건은 바다에서 잔뼈가 굵은 자다. 절대 겁을 먹고 도망친 것이 아니다. 분명히 군사들을 숨겨두고 우리를 기다릴 것이다!"

견훤의 말이 채 떨어지기도 전이었다. 별안간 요란한 북소리가 울리고 왕건 군대의 함성 소리와 함께 공격이 시작되었다.

"견훤의 함대는 바람을 안고 있다! 불화살을 쏴서 적의

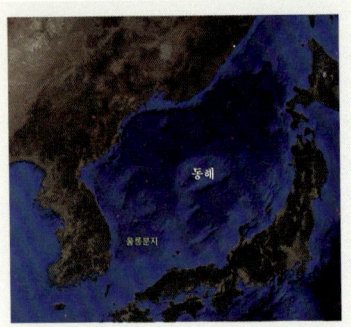

**울릉 분지**
2006년 4월, 대한민국은 국제수로기구에 울릉 분지의 지명 등재를 신청할 계획이었으나, 일본이 이를 저지하기 위한 목적으로 독도 주변 해역에 대한 수로 탐사를 추진하면서, 양국 간 외교적 마찰을 불러왔다. 일본이 탐사 계획을 철회하고, 대한민국이 지명 등재를 연기하는데 합의하면서 외교적 갈등은 일단 수습되었다. 이 해역은 해저 자원의 높은 잠재력으로 주목을 받고 있다. 2007년 11월에는 대규모의 가스 하이드레이트의 존재가 확인되었다.

함대를 불태워라!"

왕건의 명령에 따라 불화살이 사방에서 빗발치듯 날아왔다.

견훤의 부대는 때마침 불어온 바람을 안고 싸우고 왕건의 부대는 바람을 등지고 싸웠기 때문에, 견훤의 함대는 제대로 대항을 못한 채 불바다를 이루며 활활 타올랐다.

"불이야! 배에 불이 붙었다!"
"모두 배를 버리고 바다로 뛰어들라!"

견훤의 군사들은 비명을 지르며 바닷물로 뛰어들었고, 수많은 군사들이 피를 흘리며 죽어갔다. 바닷물은 순식간에 붉은 피로 물들었다.

"하늘이 나를 버리는 것인가! 하늘이 정녕 나를 원하지 않는단 말인가!"

견훤은 나주 싸움에 이어 덕진포 해전도 참담한 패배로 끝내야 했다.

"옛날 문무왕이 김유신의 도움을 받아 삼국을 통일시켰던 것처럼 궁예는 김유신 못지않은 용맹스러운 부하를 두었구나. 왜 나에게는 왕건 같은 부하가 없단 말인가."

견훤은 왕건이 버티고 있는 한 궁예를 무너뜨리는 일은 쉽지 않을 것임을 예감했다.

## 궁예의 몰락과 왕건의 세상

견훤은 무엇보다 중국과의 활발한 교류를 원했다.

"5대 10국 중에서 화북 지역의 5대국은 궁예가 해로를 차단하고 있어서 교류할 엄두를 낼 수 없다. 할 수 없이 해상 교통상 가장 교역하기 쉬운 오월에 사신을 파견하여 책봉을 받아야 되겠구나."

견훤은 오월국으로부터 후백제의 건국 사실을 인정받고 싶었다.

그 일은 『삼국사기』〈열전편〉 '견훤전'에 기록되어 있다.

'견훤왕이 5월에 사신을 파견하여 입조하니, 오월의 왕도 백제에 보병사를 파견하여 견훤에게 검교대보를 더해주고 다른

직은 전과 같이 하였다.'

내용으로 보아 이미 견훤은 이전에도 오월국에 사신을 보냈으며 그동안 두 나라는 긴밀한 관계를 유지하고 있었던 것으로 짐작된다.

견훤이 중국과 교류를 시도하고 있던 그 무렵에, 궁예 세력은 무너질 조짐을 보이기 시작했다.

궁예는 송악에서 철원으로 천도하면서 청주의 민가 1천 호를 철원으로 이주시켰다. 그러나 중앙집권화를 완성하기 위해 강력한 정책을 실시하려는 과정에서 반발하는 신하와 호족이 늘었고, 궁예는 자신의 뜻에 반대하는 자들을 모조리 죽이는 등 광폭한 일면을 보이기 시작했다. 나중에는 왕비와 두 아들까지도 죽여 버리자 백성들은 불안에 떨었다.

그런데 918년 왕창근의 거울 사건이 터졌다. 왕창근이 한 노인에게서 거울을 사서 걸어 놓았는데, 그 거울에는

정동진에서 본 동해

147자의 이상한 내용의 글씨가 새겨져 있었다.

왕창근은 그 거울을 들고 궁예를 찾아갔다.

"거울에 묘한 글씨가 써 있어서 들고 왔습니다."

왕창근이 내민 거울 안에는 '축(丑)이 멸망하리니, 융성할 유(酉)를 기다리라.' 라는 뜻이 새겨 있었다.

"무언가 꺼림칙한 말인 듯한데, 이 속에 숨은 뜻을 자세히 알아내도록 하라."

궁예는 송사홍과 백탁, 허원을 불러 거울에 새겨진 뜻을 풀이하라고 했다.

유는 정유년 닭띠 생(877년)인 왕건을 가리키는 것이고, 축은 신라 헌안왕의 서자로서 정축년 소띠(857년)에 출생

한 궁예를 뜻하는 말이었다.

그러니까 거울에 쓰인 글의 뜻은 궁예가 멸망하고 왕건이 세력을 잡는다는 내용이었다.

그 무렵에는 많은 세력이 포악한 궁예로부터 등을 돌린 상태였고, 그런만큼 왕건을 믿고 따르는 세력이 많았다.

"거울에 새겨진 내용을 그대로 전했다가는 이중 왕건께서 위험합니다."

"위험한 정도가 아니라 죽음을 면할 수 없을 것이오. 그래서는 안 될 일이지."

세 사람은 왕건과는 아무런 관련이 없는 것처럼 다른 뜻으로 해석에서 보고했다.

"비록 거울 내용을 거짓으로 꾸며 보고했지만 시중 왕건께서 무사하기는 어려울 것 같으니 큰일 아니오."

"궁예 왕이 왕 시중을 손대기 전에 우리가 먼저 선수를 쳐야 할 것이오."

신숭겸, 배현경, 홍유, 복지겸 등은 왕건을 찾아갔다.

"더 늦기 전에 일어서야 합니다. 때를 놓친다면 하늘도 왕 시중을 용서하지 않을 것입니다."

"왕은 수년 전부터 넓고 인자한 성품을 잃고 날로 포악한 행동을 일삼고 있습니다. 최근에는 인간의 탈을 쓰고서는 도저히 할 수 없는 행동까지도 서슴없이 해내질 않았습니까? 왕위를 이어받을 왕자까지 모조리 죽여 없앴으니 이대로 있다가는 가까스로 세운 나라가 무너지고 말 것입니다. 부디 왕의 자리에 오르시어 천하 통일의 대업을 이루는데 온힘을 다해 주십시오."

"늦기전에 의로운 깃발을 높이 들어주십시오!"

네 사람이 간곡하게 청하자 왕건은 마침내 뜻을 굳혔다.

"정녕 이 길밖에 없단 말인가. 그러나 우리가 궁예 왕에게 죽지 않으려면 이 방법밖에는 없구나!"

마침내 왕건은 918년 6월, 궁궐로 밀고 들어가 궁예를 없앴다. 그리고 왕의 자리에 올라 나라 이름을 고려라고 정했다.

왕건이 반역에 성공했다는 소식을 전해들은 견훤은 몹시 당황했다.

"왕건이라면 패기가 넘치고 용맹스러울 뿐만 아니라 인품이 뛰어나 가는 곳마다 백성의 존경을 받는다. 그런 사람이 왕의 자리에 올랐다면 우리 후백제는 더 많은 어려움을 겪어야 한다."

견훤은 왕건을 경계하면서도 한편으로는 몹시 못마땅해했다.

"비록 광기가 있다고는 하지만 궁예는 왕건을 시중 자리에까지 앉혔다. 그런 왕을 잘 받들지 못하고 은혜를 원수로 갚다니, 괘씸하기 짝이 없는 위인이로구나."

견훤은 궁예가 호족들의 힘을 약화시키기 위해 중앙집권화를 꾀하다 실패했다는 것을 잘 알고 있었다.

"우리 후백제는 일찌감치 중앙집권적 권력 체제를 이루었으니 얼마나 다행스러운 일이냐."

견훤은 즉위 초부터 중앙집권화를 꾀했던 탓에 후백제의

정국은 퍽 안정되어 있었다. 중요한 지역에는 아들이나 사위를 보내 다스리게 함으로써 반란을 일으킬 틈을 주지 않았다. 견훤은 전쟁에서는 탁월한 장수로, 정치에서는 강력한 왕으로서 나라를 완벽하게 장악하고 있었다.

견훤은 왕건이 못마땅했지만, 일길찬 만합을 보내 등극을 축하하기로 했다.

"장차 적이 되어 싸울 테지만 한 나라의 왕이 된 것을 축하하는 의미로 공작선(부채의 한 종류)과 지리산 대나무 화살을 선물로 보내도록 하라."

견훤이 그런 결정을 내리자 신하들은 모두 어리둥절해했다.

"그동안 우리 후백제와 고려는 대결만 하지 않았습니까? 그런데 축하 선물을 보낸다니요?"

"그러기에 지금부터는 길을 트자는 것 아니겠느냐. 왕건은 궁예와는 달리 지혜롭고 수완이 좋은 자다. 틀림없이 먼저 신라에 대해 가까이 지내자고 손을 내밀 것 아니냐?

만일에 고려와 신라의 관계가 가까워지면 우리의 통일 계획은 물거품이 되고 만다. 그러니 형식적으로라도 고려와 우호 협력 관계를 맺어야 한다."

하지만 견훤은 곧바로 사신을 보내지 않고 2개월 정도 뜸을 들이다가 제7관등에 해당하는 일길찬 벼슬의 만합을 사신으로 보냈다.

견훤 입장으로서는 고려와 신라가 손을 잡을 경우 여러 가지가 불리해질 수밖에 없음을 잘 알고 있었을 것이다. 또한 2개월이 지나서야 사신을 보낸 것은 왕건이 쿠데타를 일으켜 정권을 잡았지만 독립된 국가로 인정할 것인지 아닌지 판단할 시간이 필요했기 때문으로 보인다.

『고려사』에는 왕건이 고려를 건국하고 왕위에 오른 직후에 견훤이 축하 사절단을 보내지 않은 것을 비판하고 있다.

'왕이 여러 신하들에게 다음과 같이 말하였다.

"각 지방의 도적들이 내가 왕위에 올랐다는 말을 듣고 혹 변방에서 화를 당할까 염려하고 사절들을 파견하여 선물을 많이 가지고 찾아오고 있으니 조정에서는 그들에게 은혜를 베푸는 뜻을 보이도록 하라!"

왕의 말대로 실행하였더니 귀순하는 자들이 더욱 많아졌다. 그러나 오직 견훤만은 서로 왕래하려 하지 않았다.'

왕건이 즉위한 뒤 2개월이 지나서야 후백제의 사신이 당도했다.

"허어, 7관등에 불과한 벼슬아치를 보냈구나. 후백제 왕이 보기보다 배짱이 없는 것 같군. 자칫하면 사절단이 목숨을 잃을 수도 있다고 여기고 벼슬이 낮은 사람을 보낸 것이 분명하구나."

왕건은 그 상황을 그냥 웃어넘겼다.

"사신의 관등이 뭐가 중요하단 말이냐. 예를 갖추어서 후백제 사절단을 따뜻하게 맞이하도록 하여라."

결국 그렇게 해서 백제와 고려가 처음으로 친선 외교를

맺게 되었다. 고려에 사신을 보내어 친선 외교를 맺었지만, 견훤의 속셈은 따로 있었다.

"내 목적은 고려와 친선 우호를 다지는 데 있지 않다. 지금 왕건은 반란에 성공했지만 갓

**부석사 무량수전**
『삼국유사』에 따르면, 의상이 당나라 유학을 마치고 귀국할 때 그를 흠모한 여인 선묘가 용으로 변해 의상이 신라에 안전하게 도착할 수 있게 했고, 절터까지 따라와서 절을 세우는 것을 도와주었다고 한다. 본래 이 절터에는 악한 무리가 모여 있었는데, 의상이 이곳에 절을 세우려고 하자 선묘가 무거운 바위를 그들의 머리 위로 띄워 그들을 몰아내고 이곳에 절을 세울 수 있었다고 한다. 무량수전 옆에 큰 바위가 있는데 선묘가 띄웠던 바위이며, 아직도 떠 있다는 전설이 내려온다.

세운 나라의 기틀을 잡기에는 여러 가지로 부족할 것이므로, 이곳 남쪽 변경까지 신경 쓸 여유가 없을 것이다."

그렇게 판단한 견훤은 고려가 안정을 찾기 전에 웅주 일대를 공격할 계획을 세웠다.

"궁예의 이흔암에게 웅주 일대를 빼앗긴 이래 고려의 영토가 된 곳이다. 기필코 되찾아야 한다."

그런데 그 무렵에 견훤에게 한 가지 반가운 소식이 들려왔다.

"웅주의 이흔암이 반란을 도모하다가 저자거리에서 처단되었다고 합니다!"

이흔암은 궁예 말기에 후백제와의 접경 지대인 웅주를 습격하여 빼앗은 뒤에 그곳에 머물면서 후백제의 침략을 대비하고 있던 장수였다.

왕건이 반란을 일으켜 궁예를 몰아내고 스스로 왕위에 올랐다는 소식을 들은 이흔암은 도무지 믿겨지지 않았다.

"시중 왕건이 난을 일으켜서 궁예대왕을 시해하고 왕위를 찬탈했다니! 도저히 믿을 수가 없구나. 내 직접 확인해 보고 사실이라면 왕건을 용서치 않으리라!"

이흔암은 부하 몇 명을 데리고 철원 도성으로 들어가 몰래 사정을 살폈다.

그런데 도성에 온 이흔암과 가까운 곳에 살던 염장(형벌을 관장하는 관부의 장관격인 수의형 대령)이 이것을 알아

채고 왕건에게 거짓 보고를 했다.

"이흔암은 자신이 지키던 웅주의 초소를 마음대로 버리고 도성으로 들어와 반역을 꾀하고 있습니다. 이흔암이 도성으로 오는 바람에 군사들이 다 흩어져 웅주를 지키는 자가 없다고 합니다. 그자의 죄를 물어 처단하심이 마땅한 줄 아룁니다."

"반역죄가 가볍다 할 수는 없지만 짐은 이흔암과 함께 말머리를 나란히 하면서 궁예를 섬겼으며, 평소 친하게 지냈는데 어찌 쉽게 죽일 수 있겠는가. 또한 아직은 반역했다는 확실한 증거가 없으니 좀더 살펴보도록 하라."

"그러면 은밀하게 사람을 보내 이흔암의 동정을 살피도록 하겠습니다."

염장은 사람을 보내 이흔암이 머무는 집을 몰래 살피게 했다. 그런데 아무것도 눈치채지 못한 이흔암의 아내가 변소에 들어가서 혼잣말을 중얼거렸다.

"우리 남편의 일이 잘 돼야 할 텐데 걱정이구나. 만일 남편이 하는 일이 잘못되기라도 하면 나도 화를 입을 텐데……."

 이흔암 아내의 말을 엿들은 사람은 왕건에게 달려가 그 말을 전달했다.

 "이흔암이 반역을 꾀하려 했던 것이 사실이었구나! 당장 이흔암을 끌어오도록 하라!"

 왕건은 이흔암을 옥에 가두고 모든 벼슬아치들로 하여금 그를 어떻게 하면 좋을지 의논하게 하였다.

 "그자를 당장 죽여야 합니다!"

 "살려두면 대왕마마의 근심 걱정이 될 것입니다!"

 백관들은 이흔암을 죽여야 된다고 한 목소리로 말했다.

 "이흔암은 듣거라. 네가 평소부터 흉악한 마음을 품고 있었으니 네 스스로 죽을죄를 지었구나! 국법이란 천하에 공평한 것이니 어찌 사사로운 정을 앞세워 살려둘 수 있겠느냐! 여봐라! 죄인 이흔암을 저자거리에 끌고나가 목을 베고 모든 재산을 빼앗도록 하라!"

『고려사』에는 이흔암에 대해 이렇게 기록해 놓았다.

'이흔암은 활 쏘고 말 타는 것이 업인데 다른 재주가 없고 식견도 없었다. 이득에 눈이 밝고 직위에 욕심이 많은 자로서 궁예를 섬겨서 교활한 수작으로 등용되었다. 그는 후백제로부터 웅주를 습격하여 빼앗은 뒤 그 지역을 점령하고 있다가 왕건이 즉위했다는 소식을 듣고 가슴속에 야심을 품고서 부르지 않았는데도 자진하여 도성으로 올라왔다.'

『고려사』는 이흔암을 고려 태조인 왕건에게 대항하여 반란을 일으킨 인물로 분류해서 『고려사』〈열전〉의 '반역자들편'에 올려 놓았다.

그런데 역사 학자들은 이흔암의 아내가 변소에서 "만일 남편이 하는 일이 잘못되기라도 하면 나도 화를 입을 텐데."라고 한 독백으로 반란의 증거로 삼았다는 것은 뭔가 석연치 않다고 보고 있다. 반란 사건이라면 모의한 세력이 반드시 있게 마련인데 연루된 사람이 한 명도 없기 때문이다. 결국 혁명을 해서 정권을 잡은 왕건 측근 세력들이 궁예에 충성했던 이흔암을 제

**해인사**
남북국 시대 신라 애장왕 3년(802)에 순응과 이정이 창건했다. 그들은 가야산에 초막을 세우고 참선을 했는데 등창으로 고생하던 애장왕의 왕비의 병을 낫게 해주어 애장왕이 절을 창건하도록 했다. 이곳에 보존되어 있는 팔만대장경과 팔만대장경을 보관하는 장경판전이 세계문화유산으로 지정되었다.

거시킨 일종의 정치 재판이었다고 보기도 한다.


 웅주의 공격 준비를 끝내던 무렵에 마침 이흔암이 처형되자 견훤은 크게 기뻐했다.
 "하하하, 이거 가만히 누워서 떡을 먹게 되었구나. 웅주 땅까지 달려가 애써 피를 흘릴 필요가 없어졌다. 지금 그곳을 지키고 있던 성주가 사라졌으니 그 지역의 호족들은 불안에 떨고 있을 것이다. 과인이 서찰을 써줄 것이니 그곳 호족들을 찾아가 우리 백제에 귀부하라고 설득하라! 만일 호족들이 말을 안 듣는다면 그때 군사를 움직여도 늦지 않다!"

견훤의 명령을 받은 사신은 곧바로 웅주 지역으로 달려갔다.

『고려사』에는 그 일의 결과를 이렇게 기록해 놓았다.
'웅주와 운주 등 10여 곳의 주와 현이 모반하여 백제로 귀부하였다.'

"이럴 수가! 우리 고려 왕권이 기틀을 다잡기 전에 견훤이 큰 이득을 챙겼구나!"

왕건은 웅주와 운주의 많은 호족들이 후백제에 귀부해 버린 것에 큰 충격을 받고 몹시도 안타까워했다.

"잘못했다가는 나라가 위험해진다. 서둘러 지방 호족들에게 일일이 사신을 파견하여 그들을 다독이도록 하라!"

특히 운주가 후백제에 귀부해 버리자 지금의 홍성 일대와 공주의 30여 개 성이 모두 후백제로 귀부해 버렸다. 그렇게 되자 청주의 밑에까지 동요되어 후백제에 귀부하는 사태가 빚어졌다. 왕건은 지방의 호족 세력을 자기 편으로 끌어들이기 위해 호족의 우두머리를 '아버지', '삼촌'이라고 부르거나 혹은 나이가 어릴 경우에는 조카로 대접하는 등 최대한 겸손하게 몸을 낮춰서 회유했다. 그것을 사료에서는 '대우를 두텁게 하고 자신을 낮춘다.'는 의미의 '중폐비사(重幣卑辭)'라 표현한다.

# 고려로 투항한 아자개

 견훤은 하루가 다르게 나라의 기틀을 잡아가고 있었지만 고려를 세운 왕건은 큰 고민거리에 시달려야만 했다. 끊임없이 반란을 꾀하는 청주 세력 때문에 골머리를 앓고 있었기 때문이다.

 "청주 세력을 어떻게 하면 다스릴 수 있단 말인가."

 궁예는 송악에서 철원으로 천도하면서 청주 사람 일천 호를 청주에서 철원으로 이주시켜 자신의 세력 기반으로 삼았다. 그런데 왕건이 궁예를 내쫓고 왕위를 차지하자 청주 세력들은 크고 작은 반란을 일으켜 왕건에게 대항하고 있었다.

 한편, 그해 9월에 상주의 아자개가 왕건에게 귀부하는

사건이 벌어졌다.

"뭐라고! 아버지가 왕건에게 귀부했다고? 아버지가 어떻게 자식의 적에게 땅을 바친단 말이냐!"

견훤의 충격은 이루 말할 수 없이 컸다.

"아들이 강력한 정부를 세워 대백제국 황제의 자리에 있는데 아버지가 적국인 고려에 귀부했다니, 도저히 믿을 수가 없구나!"

아자개의 세력권이던 상주 지역은 고려와 신라를 연결하는 중요한 위치이기도 하지만, 자신의 아버지가 배신했다는 사실에 견훤은 분을 삭이지 못했다.

아자개가 견훤을 놔두고 고려에 귀부한 것을 두고 여러 가지 설이 있다.

첫째로 『동사강목』의 저자 안정복은 고려사의 아자개를 견훤의 아버지가 아닌 또 다른 상주 땅의 호족인 동명이인 아자개로 해석하기도 했다. 그리고 당시 접경 지역에서 주둔하고 있던 고려군의 잇따른 공격으로 상주 일대의 방어 전선이 점점 약화되었기 때문에 결국 아자개는 더 이상 버틸 여력이 없어지자 고려 측에 귀부했을 수도 있다.

두 번째로 견훤과 아자개의 부자간 갈등으로 인해 발생한 사건으로 보기도 한다.

세 번째로는 아자개가 연로해 후계 문제와 상속을 둘러싼 백제왕인 견훤 외에 또 다른 아들인 용개, 보개 간의 상주 지역의 지배권을 둘러싼 상속 분쟁 가능성일 수도 있다.

당시 상주 지역은 전략적 요충지임과 동시에 비옥한 토지였으므로 상속 문제에 있어서 견훤의 배다른 형제들인 용개, 보개 형제들 간의 상속 다툼이 치열했을 수도 있기 때문이다.

만일 아자개가 견훤의 아버지가 맞다면, 훗날 견훤의 아들인 신검도 견훤을 배신하고 왕건에게 의탁했기 때문에 이들 3대가 부자지간을 버린 셈이 된다.

"아자개의 귀부는 통일의 대업을 이룰 수 있도록 돕는

가장 튼튼한 힘이 될 것이다."

918년 9월, 왕건은 몹시 기뻐하며 아자개를 위해 대대적인 환영 행사를 벌였다.

왕건은 아자개를 맞이하기 위해 심지어 문무백관이 모여 그 행사를 연습까지 시켰을 정도였다.

『고려사』에는 그 일을 이렇게 기록해 놓았다.

'상주 반란군 두령 아자개가 사신을 보내서 귀순 의사를 밝혀 왔다. 왕은 의례를 갖추어 그들을 맞이하게 하였다. 문무백관이 모두 나와서 늘어섰는데, 광평낭중 유문율과 직성관 주선할이 서로 자리 순서를 다투었다.

그러자 왕이 이들을 꾸짖었다.

"상대방에게 사양하는 것은 예의의 으뜸이요, 공경은 덕행의 근본이니라. 지금 손님을 예의로서 영접하는 것은 장차 후일의 성화를 보려는 것인데, 유문율과 주선할이 자리 순서를 가지고 다투었으니 어찌 예의와 공경을 아는 자들이라 할 수 있겠는가! 마땅히 모두 변방으로 귀양을 보내서 그 죄상을 물어야 할 것이니라!"
그리고 유문율을 대신하여 순군낭중 경훈을 광평낭중으로 임명하였다.'

**통영시 항공 사진**
삼한 시대에는 현재의 고성에 위치한 고자미동국이었고, 그 후 가야 시대에는 육가야 중 소가야에 속하였다. 통일 신라 시대 경덕왕 때 고자군이 고성군으로 개칭되었다. 757년에는 강주에 속하였다. 고려 현종 9년에는 거제현으로 속하였다. 충렬왕 때 남해현으로 병합되었다가 다시 복귀하였다.

아버지 아자개가 고려에 투항한 충격이 채 가시기도 전에 이번에는 신라의 경명왕이 왕건에게 사신을 보내 우호를 다졌다는 소식이 견훤 귀에 들어왔다. 또한 강주(지금의 경남 진주) 장군 윤웅이 왕건에게 아들을 인질로 보내어 항복했다는 소식도 있었다.

"무장이면 무장답게 싸워서 이기거나 항복을 받아낼 것이지 편지나 선물 따위로 사람을 꼬여 세력을 넓히다니!

반드시 진정한 무장의 모습을 보여주고 말겠다!"

모두 견훤에게는 불리한 사건들이었지만 견훤은 조금도 기죽지 않고 나라를 안정되게 이끌었다.

"내가 후백제를 세운 것은 백성을 편하게 보살피기 위함이었다. 전쟁은 꼭 필요할 때만 해야 한다."

견훤은 나라 안 곳곳을 돌아다니며 백성의 어려움을 살폈다. 또한 외교적인 면에도 힘을 기울여 중국의 오월국과 북방의 거란과도 끊임없이 사신을 주고받으며 친교를 다져 나갔다.

"나는 지난날 서남해의 신라군 부장으로 있으면서 중국과의 외교 및 교역의 중요성을 절실하게 깨달았다. 우리가 중국과 가깝게 지내는 것은 고려가 지나치게 세력을 확장하는 것을 억누르기 위함이다. 또 한편으로는 신라를 주변국으로부터 멀어지게 함과 동시에 우리 후백제가 더욱 발전하기 위해서도 꼭 필요한 일이다."

견훤은 앞으로 치르게 될 전쟁을 위해 많은 물자와 무기

등을 미리 준비하는 한편, 군사들의 훈련도 게을리 하지 않았다.

"후백제에 녹슨 무기란 있을 수 없다! 당장 전쟁터로 달려 나갈 것처럼 늘 무기를 관리하도록 하라!"

"전쟁을 이기려면 용맹한 장수 못지않게 튼튼하고 뛰어난 무기도 많아야 한다!"

920년 10월, 전쟁 준비를 끝낸 견훤은 군사를 이끌고 신라의 금성을 향하여 진격했다.

"뭐라고! 견훤이 금성으로 쳐들어오고 있다고! 어서 군사를 일으켜 견훤 부대를 물리쳐라!"

놀란 신라의 경명왕은 김효종*을 대장군으로 임명하고, 김율을 왕건에게 보내 원군을 청했다.

왕건은 견훤이 금성을 공격한다는 보고를 받고 몹시 당

김효종은 신라 시대의 화랑으로 '효녀 지은의 이야기'에 등장하는 효종랑이라는 인물이다. 일찍 아버지를 여의고 홀어머니를 모시면서 서른두 살이 넘도록 출가하지 않고 효도를 다한 지은이라는 여자가 어머니를 위해 남의 집 종이 되자 김효종은 부모에게 청하여 조 100석과 의복을 보내어 지은의 살림을 돕고, 지은을 종으로 산 주인에게 곡식을 변상하여 줌으로써 양민이 되게 했다. 김효종을 도와 1천 명에 가까운 화랑이 각기 1석씩 벼를 내어 선물했다. 진성여왕이 그 소문을 듣고 벼 5백 석과 집 한 채를 내려주었고, 그 마을 입구에 정문을 세워 효양방이라 이름 지었으며 그 집에는 집마다 부과되는 부역을 면제해주었다. 여왕은 또 김효종을 가상히 여겨 헌강왕의 딸을 아내로 삼게 했다.

황했다.

"견훤이 금성으로 쳐들어오고 있다면 대야성을 제일 먼저 공격할 것이다. 대야성이 무너지면 서라벌이 위험하다!"

왕건은 서둘러 군대를 파견했다. 그러나 금성을 공략한 견훤은 하루 만에 대야성을 함락시키고, 신라의 마지막 무장인 김효종은 그 자리에서 장렬하게 전사했다.

"비록 적이었지만 김효종은 신라의 마지막 무장이다. 나라를 위해 장렬하게 죽은 김효종의 시신을 관에 넣어 신라로 보내도록 하라!"

견훤은 성 안에 피신해 있던 백성은 물론 군사들도 희망에 따라 고향으로 돌려보내도록 했다.

대야성을 함락시킨 견훤은 멈추지 않고 구사성(지금의 경남 초계)으로 진격하여 단숨에 성을 손에 넣었다. 그리고 다시 진례성(지금의 청도와 밀양 사이)으로 달렸다.

"동쪽의 진례성까지 점령하면 신라의 목을 조르는 셈이

된다. 그러면 남쪽 땅은 자연스럽게 우리 손아귀로 들어온다!"

견훤은 내친김에 강주(지금의 경남 진주)의 윤웅을 공격할 계획까지 세웠다.

그러나 반갑지 않은 소식이 날아들었다.

"고려의 배현경이 지휘하는 5천 병력이 지금 신라를 구원하려 달려오고 있답니다!"

그 보고는 견훤에게 큰 충격이 아닐 수 없었다.

"왕건 그놈이 겉으로는 신라의 신하인 것처럼 굴면서 가까운 관계를 유지하고 있다는 것은 알고 있었지만, 실제로 전투를 도와줄 줄은 꿈에도 몰랐다."

견훤은 못내 아쉬워하며 즉시 군사를 완산성으로 되돌릴 수밖에 없었다.

견훤이 완산성으로 돌아온 이듬해, 왕건이 보낸 사신이 도착했다.

**용문사 팔상탱화**
· 팔상탱화는 석가모니의 일생을 잉태로부터 열반에 이르기까지 여덟 장면으로 나누어 묘사한 그림이다. 이 팔상탱화는 한 폭에 두 장면씩 네 폭으로 이루어져 있는 것이 특징이다.

'아자개 장군께서 숨을 거두셨습니다. 장군의 시신을 어떻게 해야 할지 제일 먼저 의논해야 할 것 같아 사신을 보냅니다.'

그동안 견훤은 왕건을 눈엣가시처럼 생각하고 있었다. 그런데 막상 따뜻한 편지를 받고 보니 왕건의 마음 씀씀이를 다시 보게 되었다.

"왕건은 내게 없는 큰 능력이 있구나. 왕건의 높은 덕이 고려를 크게 일으켜 세우고 있어."

견훤은 왕건에게 고맙다는 편지와 함께 정중하게 장례를 치러 달라는 부탁을 했다.

"왕건의 지나친 겸손과 무장답지 않은 너그러움이 눈에 거슬렸는데 그게 아니었구나. 왕건은 내게 나라를 이끄는

데 힘이 전부가 아니라 포용력이 더 중요하다는 것을 보여 주고 있어."

922년, 견훤은 일본에 사신을 보냈다.

"비록 바다 건너에 있는 나라이지만 적극적인 화친을 맺는다면 신라를 견제할 수 있다."

견훤은 신라를 고립시키기 위해 일본과 화친을 맺으려 했지만 일본이 거절하자, 다른 방도를 찾아냈다. 직접적인 방법을 쓰기로 한 것이다.

924년 견훤은 신라와 고려의 연결 고리를 끊기 위해 조물성(지금의 낙동강 상류의 안동 부근)을 공격했다.

"조물성은 지리적으로 매우 중요한 역할을 하는 곳이다! 조물성과 동쪽의 성을 연결하면 그 이남은 저절로 우리 땅이 되고 고려와 신라의 연결도 끊어진다!"

그러나 그 싸움에서도 견훤은 왕건이 보낸 지원병으로 인해 패하고 말았다.

"싸움이란 이길 때도 있고 패할 때도 있는 법이다."

비록 싸움에서는 졌지만 견훤은 왕건에게 승리를 축하한다는 편지와 선물을 보낼 계획을 세웠다.

"왕건에게 보낼 명마 한 마리를 구해오도록 하라!"

견훤은 왕건에게 명마 한 필을 보내기로 했고, 신하들은 절영도(부산 영도)의 좋은 말 한 필을 구해왔다.

"하늘에서 날개 달린 용마가 내려와 산다는 절영도에서 명마 한 필을 끌고 왔습니다."

"참으로 명마로구나. 옥색 털은 달빛이 흐르는 듯하고, 네 다리 또한 천하를 달려도 지치지 않을 것처럼 튼튼하지 않은가."

견훤은 매우 만족해하며 말과 많은 선물을 보내 왕건의 승리를 축하해 주었다.

그런데 그해 가을에 고려의 장군 유금필이 수천 명의 군사를 이끌고 천안으로 쳐들어온다는 급보가 날아왔다.

"내 명령 없이는 어느 누구도 창을 들어서는 안 된다! 어기는 자는 목숨을 부지하지 못한다!"

견훤은 유금필이 연산진(지금의 연기)을 공격하여 수비대를 무찌르고 임존군(지금의 예산 부근)을 점령했다는 소식을 들어도 움직이지 않았다.

"무장이라면 부끄러운 패배 앞에서 목숨을 내놓고 싸워야 마땅합니다. 그런데 어찌하여 아무도 창을 들지 못하게 하십니까?"

"이런 창피를 당했다면 체면을 생각해서라도 군사를 일으켜야 옳습니다!"

많은 장수들이 견훤에게 출전 명령을 내려줄 것을 요구했지만 견훤은 승낙하지 않았다.

"싸움은 내가 이길 수 있는 장소에서 했을 때 백전백승을 노릴 수 있다. 싸움에서 창피나 감정 따위는 조금도 중요하지 않다!"

견훤은 10월이 다 갈 무렵에 이르러서야 출전 명령을 내렸다.

"공격 목표는 조물성이다!"

고려군이 공격 중인 천안에서 오백 리 떨어진 거리의 조물성을 향해 견훤은 기병 3천을 이끌고 진격했다.

"이번에야말로 왕건을 내 발 밑에 무릎 꿇게 하겠다! 애송이같은 왕건에게 계속 당할 수는 없다. 그동안의 받은 창피함을 모두 갚아주마!"

견훤이 조물성 둘레의 중요한 지점에 병사들을 배치할 무렵에 첩자로부터 연락이 왔다.

"왕건이 6천 기병을 거느리고 남쪽으로 내려온다고 합니다!"

"기병 6천이라. 왕건이 조물성에 도착하려면 사흘 정도 걸리겠구나."

그렇게 생각한 견훤은 군사들에게 명령이 있기 전까지는 한 발짝도 나서지 못하게 했다.

"내 명령 없이는 절대로 움직이지 말 것이며 적의 눈에 띄지 않도록 조심하도록 하라!"

왕건이 조물성 오십 리 지점에 장막을 치고 지친 군사들을 쉬게 하자, 견훤은 그 기회를 놓치지 않고 공격을 시작했다.

"지금 왕건의 군사들은 모두 지쳐 있다. 배고픔과 추위에 시달리느라 사기가 떨어져 있을 것이다! 저들이 배불리 먹고 나서 쉬고 있을 때 공격을 퍼부어라!"

마침내 견훤은 왕건의 군사들이 쉬고 있는 틈을 타서 총공격을 퍼부었다. 말들의 울부짖음과 군사들의 아우성이 뒤엉키면서 들판은 순식간에 피바다를 이루었다.

이번 싸움은 견훤의 완전한 승리였다.

"싸움은 욕심내서는 안 된다! 한 번의 공격으로 큰 승리를 거둔다는 욕심을 버리고 목숨을 아껴 싸워라! 목숨을 함부로 버리려 하지 말고 기회를 찾아 싸워라!"

견훤은 고려군이 움직일 때마다 그 때를 맞추어 공격을 멈추지 않았고, 고려군은 견훤의 기습적인 공격에 차츰 지쳐갔다.

천안의 유금필이 3천 보병을, 잔소성의 홍술과 재암성의 선필이 각각 5백의 기병을 이끌고 왕건을 지원하러 달려왔다.

"이제 우리 고려군의 총공격이 시작된다! 기병을 선두로 후백제 본진을 향해 매운 맛을 보여줘라!"

왕건이 많은 기병을 앞세워 후백제 총공격을 명령했지만 견훤은 조금도 당황하지 않았다.

"군사를 모두 골짜기 위에 배치해 놓도록 하라!"

아무것도 눈치채지 못한 고려군은 빠르게 달려왔다.

"이때다! 모두 화살을 날려라!"

"한 명도 살려두지 말고 모조리 없애라!"

마침내 궁예의 명이 떨어지고, 숨어 있던 후백제군은 골짜기로 들어온 고려군을 향해 무섭게 화살을 날렸다.

"협공으로 고려군을 무찔러라!"

"골짜기 안으로 들어온 고려군을 한 놈도 남기지 마라!"

순식간에 골짜기는 말과 군사들의 아우성으로 뒤엉켰다.

"모두 후퇴하라!"

"골짜기를 빠져나가라!"

고려군은 이번에도 후백제 기병의 창과 칼에 무참히 쓰러졌고 살아남은 군사들은 뿔뿔이 흩어졌다.

호미곶 등대(경북 포항)
조선의 풍수지리학자 남사고가 『동해산수비록(東海山水秘錄)』에서 한반도는 호랑이가 앞발로 연해주를 할퀴는 모양으로 백두산은 코, 호미곶은 꼬리에 해당한다고 묘사하였다.

"왕건 네가 아무리 뛰어난 무장이라도 내 적수는 절대 못 된다."

견훤은 그 싸움에서 고려군 절반을 무찔러 버렸다.

"이대로 가다가는 우리 고려의 앞날이 위태롭다. 서둘러 화친을 맺도록 하라."

참패를 당할 것을 염려한 왕건은 견훤의 진영에 먼저 사신을 보내기로 했다.

"유금필 장군이 빼앗은 천안의 두 성인 연산진과 임존군을 돌려주고 화평을 맺을 것을 청한다!"

견훤은 왕건의 화친 제의를 받아들이기로 했다.

"비록 조물성을 빼앗지 못했지만 천안의 두 성을 피 한 방울 흘리지 않고 되찾았다. 또한 추위가 닥치고 있으니 이쯤에서 물러나는 것이 좋겠다!"

견훤은 화평을 약속하는 의미로 죽은 동생 능애의 아들 진호와 왕건의 사촌 아우 왕신을 서로 인질로 교환하기로 했다.

『삼국사기』 '견훤전'에는 그 전투를 이렇게 기록해 놓았다.

'당시 견훤의 군사가 매우 강성하여 승부를 내지 못하였다. 태조 왕건이 임시로 평화를 유지할 술책으로서 견훤의 군사를 피곤하게 하고자 글을 보내 화친을 청하고 자신의 사촌 아우인 왕신을 인질로 보냈다. 그러자 견훤왕도 조카인 진호를 보내어 인질을 교환하였다.'

그런데 『고려사』에는 불리하다고 판단한 견훤이 먼저 인질

교환을 제의한 것으로 기록되어 있다.

'태조 왕건은 조물군에서 견훤과 만나 싸웠으나 견훤의 군사가 매우 강하여 승부를 내지 못하였다. 그때 유금필이 군사를 이끌고 도착하여 합류하니 고려 군사들이 기세를 크게 떨쳤다. 그러자 견훤이 두려워서 화친을 청하면서 조카인 진호를 고려 진영에 볼모로 보내니 왕건 또한 집안 동생인 왕신을 볼모로 보냈다.'

## 신라를 누가 삼킬 것인가!

고려와 후백제가 치열한 혈전을 벌이다가 갑자기 화해 분위기로 돌아서자 가장 당황한 것은 신라였다.

"이는 참으로 두려운 일이로다. 고려의 군사력을 빌려 후백제의 신라 지역 침공을 저지하려면, 두 나라가 적대관계를 유지하면서 팽팽히 맞서는 상황이 지속되어야 한다. 그런데 갑자기 창칼을 놓고 손을 잡으니 앞으로 후백제의 신라 침공을 두려워하지 않을 수가 없구나!"

신라 경애왕(제55대)은 급히 왕건에게 사신을 파견하여 백제와 화친을 해서는 안 된다고 요구했다.

'백제와 볼모를 주고받으며 화친하기로 맹약하였다는 소식을 듣고 급히 사신을 보냅니다. 견훤은 믿을 사람이 못 됩니다. 틀림없이 속임수가 숨어 있을 것이니 화친을 해서는 아니 됩니다.'

『고려사절요』에는 신라 경애왕이 보낸 글을 보고 왕건은 '그 말을 옳게 여겼다.'라고만 기록해 놓았다.

조물성 전투가 끝난 그 이듬해, 남북국 시대에 큰 획을 긋는 사건이 터졌다.
고구려의 옛 땅에 건국하여 신라와 더불어 남북국 시대를 열었던 발해가 926년 1월에 마침내 멸망하고 말았다. 발해가 망하자 발해 유민 수만 호가 고려로 물밀 듯이 몰려왔다.

『발해사』에는 발해 멸망을 이렇게 기록해 놓았다.
'거란국의 왕이 군사를 일으켜 발해의 수도 홀한성을 포위하

**청룡사 석조여래좌상**
경상북도 예천군 용문면 청룡사에 있는 통일 신라 시대의 화강석제 석조여래좌상.
광배와 대좌를 갖고 있는 9세기의 전형적인 비로자나불상과 양식이 흡사한 화강석으로 된 이 불상은, 역시 9세기(신라 하대) 작품으로 추정된다.

여 발해를 멸망시킨 뒤 국호를 동단국이라 고쳐 부르니 발해국의 세자 대광현과 장군 신덕, 예부경 대화균, 균로사정 대원균, 공부경 대복예, 좌우위장군 대심리, 소장 모두간, 공부경 오흥 등이 유민들을 거느리고 고려로 왔다. 이후로도 수만 호가 도망하여 왔다. 태조 왕건은 이들을 매우 후하게 대접하여 대광현에게는 왕계라는 성명을 내려주고 종실의 적에 올려서 그 선대의 제사를 받들게 하였다.'

강력한 국가인 거란에게 망한 발해의 유민들은 거란의 식민지 치하로 들어가지 않기 위해 고려를 선택했을 것이다. 또 지리적으로 가장 가깝기도 했다.

발해는 고구려의 후예로서 종족적으로나 또는 문화적으로 서로 통한다는 동질성 때문에 고려를 택했을 것이다. 그리고 태조 왕건의 적극적인 북방 정책과 발해 유민에 대한 우대 정책도 큰 역할을 했을 것으로 보인다.

한편, 견훤은 924년에 조물성 공격이 실패로 끝난 뒤 보냈던 절영도의 총마를 돌려달라고 요구했다.

"절영도의 명마가 고려에 있으면 백제가 멸망한다."

"절영도에서 사육한 옥색 털빛을 가진 총마가 고려로 넘어가면 백제가 망한다!"

그 무렵에 백성들 사이에서는 그런 소문들이 무수히 떠돌고 있었다.

"그 소문이 비록 순진한 백성들을 홀리는 얼토당토않은 것이라 해도 백성이 그 말을 곧이곧대로 믿고 있으니 그것이 큰일 아닌가."

견훤은 큰 고민에 휩싸였다.

견훤은 도참설*을 믿고 있었기 때문에 왕건에게 선물로 보낸 명마가 몹시 신경이 쓰일 수밖에 없었던 것이다.

견훤이 보낸 사신이 고려 조정을 찾아와 난데없이 명마를 돌려줄 것을 요구하자 왕건은 크게 어이없어 했다.

"국가간의 외교 예의에서 그 유례를 찾아보기 힘든 일이로다."

『고려사』의 기록에는 그 일의 결과를 이렇게 기록해 놓았다.

'태조 왕건이 웃으면서 돌려주는 것을 허락하였다.'

볼모를 교환하며 화친했던 후백제와 고려의 평화는 길게 가지 못했다. 926년 4월, 고려에 인질로 보낸 견훤의 조카가 급사하고 말았기 때문이다.

"진호가 급사를 당했다고! 그렇다면 왕신도 살려둘 수

---

도참설은 통일 신라 후기에 지리적인 인식과 예언적인 도참신앙이 결부되어 이루어진 학설이다. 도선대사가 제창한 사상으로 지리는 곳에 따라 쇠왕과 순역이 있기 때문에 왕처와 순처를 택해 살 것을 주장했다. 도참사상은 장래에 일어날 사실(인간 생활의 길흉화복이나 성쇠득실)에 대한 예언 혹은 징조를 뜻한다.

없지!"

　견훤은 곧바로 왕신을 죽이고 웅진 방면으로 진격할 준비를 서둘렀다.


『고려사』에는 그 일을 이렇게 기록해 놓았다.
'견훤이 보낸 인질 진호가 병으로 죽었다. 왕(왕건)이 시랑 익훤을 시켜서 그 시체를 백제로 보내주었더니 견훤은 우리가 그를 죽인 것으로 알고 우리가 보낸 인질 왕신을 죽였다.'


　인질 사망 사건으로 두 나라는 다시 팽팽하게 맞섰다.
　"이제 고려는 더 이상 우리 백제와 화평 관계를 유지하지 않고 있다! 지금 우리는 웅진으로 달려가 빼앗긴 옛 백제의 영토를 되찾는다!"
　마침내 927년, 고려와 백제 사이에 또다시 치열한 전쟁이 시작되었다. 그러나 왕건은 견훤과 맞서 싸우기보다는 수비에 주력했다.

　서라벌이 견훤의 말발굽 아래 놓일 지경에 이르렀는데도 왕건이 계속 수비에만 주력하자 경애왕은 크게 당황하여 왕건에게 사신을 보냈다.

'견훤이 화친의 맹약을 어기고 군사를 일으킨 것이니 하늘도 그를 돕지 아니할 것입니다. 만약 고려국의 대왕께서 북을 울리면서 위세를 떨치시기만 하면 견훤은 저절로 패하여 무릎을 꿇을 것인데 어찌하여 수비만 하라 이르셨습니까?'

왕건은 신라 경애왕이 보낸 글을 읽고 답신을 보냈다.

'내가 견훤을 두려워서 이러는 것이 아니라 견훤이 죄악이 가득 차서 저절로 쓰러지기를 기다릴 뿐이오.'

그 뒤, 왕건은 소극적인 전투 태세를 거두었다.

"그동안 후백제의 견훤왕이 짐과의 맹약을 어기고 우리의 변경을 침략하였으나 군사로서 대응하지 않고 인내해 왔다. 그러나 이제 더 이상 백제군의 침략 행위를 보고만 있지 않겠다! 내가 진두에 서서 백제군을 무찌르는 데 앞장서겠다! 모두 내 뒤를 따르라!"

마침내 왕건은 군사를 총지휘하여 정복에 나섰다. 그리고 1월에 백제의 용주(지금의 경상북도 예천군 용궁면)를 공격하자, 신라에서도 지원군을 보내왔다.

"신라왕이 지원병을 보내왔다!"

"지원군이 도착했다!"

신라 경애왕이 고려군을 지원하기 위해 군대를 파견하자 고려군의 사기는 하늘을 찌를 듯이 높아졌다.

"듣던 중 반가운 소식이로구나. 이제 신라군과 연합하여 백제군의 본거지를 완전히 토벌할 날도 멀지 않았다!"

신라 경애왕이 군사를 파견했다는 것은 이제 신라가 고려와 연합하여 백제를 무너뜨리겠다는 선언이었다.

왕건은 용주를 쉽게 점령한 뒤에 근품성(지금의 경상북도 문경)으로 내달았다.

근품성도 쉽게 점령한 왕건은 승리의 기세를 몰아 4월에는 해상을 통한 수공 작전을 폈다.

"해상 장군 영창과 능식은 강주(지금의 경상남도 진주)를 공격한다!"

"해상 원정군은 계속해서 전이산(지금의 경상남도 남해), 노포, 평서산, 돌산을 함락시켜라!"

왕건의 명령을 받은 고려 장수들은 곳곳에서 승전보를 올리며 포로를 잡아갔다.

왕건의 부대는 이어서 운주(지금의 홍성)의 성주 긍준을 격파하였다. 7월에는 장수 재충, 김락이 대량성(지금의 경상남도 합천)을 함락시키고 장군 추허조 등 30명을 사로잡아갔다. 계속하여 상주의 북쪽인 대량성이 함락되고, 왕건은 승리의 여세를 몰아 고사갈이성으로 내달렸다.

"저는 고사갈이성 성주 홍달의 맏아들 준달입니다."

왕건이 고사갈이성에 이르자 고사갈이성의 성주 맏아들이 왕건을 찾아왔다.

"이제 곧 성주인 제 부친께서 후백제에 파견한 성 지키는 관리들을 모두 데리고 나와서 대왕폐하께 항복을 할 것입니다."

경상북도 내륙 지역에서 고려의 영향력이 커져가자 눈치를 살피며 지켜보던 호족 세력들 뿐만 아니라, 백제 지배력 아래 있던 성주가 제발로 찾아와서 항복을 청하는 사례도 생겨났던 것이다.

그러나 9월부터는 전투 상황이 크게 달라졌다.

"우선 근품성을 함락한 뒤 파괴시켜라! 강주에 이르기까지 남쪽으로 길게 늘어진 고려군의 허리를 끊는 작전이다!"

견훤은 근품성을 함락시킴으로써 고려의 허리를 끊는 작

전을 성공시켰다. 그리고 곧이어 고울부(지금의 영천)를 향해 달렸다.

"이제 서라벌이 코앞이다! 고려군과 손을 잡은 신라왕을 내 손으로 없애고 신라를 멸망시키겠다!"

견훤이 고울부를 습격하여 승리를 거두었다는 급보를 받은 신라 경애왕은 서둘러 왕건에게로 사신을 보냈다.

'백제군이 서라벌 가까이 달려오고 있으니 한시도 지체하지 말고 군사를 보내어 백제군을 물리쳐주십시오!'

경애왕의 급보를 받은 왕건은 시중 공훤을 불렀다.

"예전에는 우리 고려와 백제가 신라를 서로 끌어들이려고 다툼을 벌였다. 때문에 군사를 출동시키더라도 서로가 신라에 접근하지 못하도록 억누르는 것이 목적이었지만 이제는 사정이 달라졌다. 신라왕이 우리에게 지원군을 보낸 이상 견훤은 신라를 우리 고려로부터 떼어놓기 위해서라도 신라 도성으로 쳐들어갈 것이다!"

왕건은 곧바로 공훤에게 군사 만 명을 주어 신라를 구하게 했지만 이미 견훤의 정예부대 5천 군사는 후백제의 깃발을 나부끼며 도성으로 쳐들어가고 있었다.

"신라가 고려에 군사를 요청해서 고려군이 이쪽을 향해 달려오고 있다. 시간이 없다! 모두들 도성으로 밀고 들어가라!"

**장연사지 삼층석탑**
이 탑은 통일 신라 시대의 3층석탑으로 높이는 동탑 4.8m, 서탑 4.84m다. 서탑은 개천가에 버려져 있던 것을 1980년 2월에 동탑 옆에 복원하였다.

견훤의 경주 침공은 『고려사』에 이렇게 기록되어 있다.

'고려의 구원군이 미처 이르기도 전에 견훤이 그 소식을 접하고는 갑자기 신라의 도성으로 들어갔다. 그 때 신라왕은 왕비, 궁녀, 종실 들과 함께 포석정에 나가 연회판을 차려놓고 즐겁게 놀고 있었다.'

"큰일났다! 백제군이 쳐들어왔다!"
느닷없이 백제군의 공격을 받은 신라 왕실은 정신을 차리지 못했다. 경애왕은 왕비와 함께 별궁에 몸을 숨겼다.
"샅샅이 뒤져서 신라왕을 찾아라!"
쉽게 궁궐을 점령한 견훤은 군사들에게 숨은 신라왕을 찾게 했다.

『고려사』에는 그 때 일을 이렇게 기록해 놓았다.
'왕은 부인과 함께 달아나서 성 남쪽 별궁에 숨어 있었다. 견훤은 군사들을 풀어서 마음껏 약탈하게 하고, 자신은 왕궁에 앉아서 신라왕을 찾아서 자결하게 하였다. 그리고 견훤

은 신라의 왕비를 강간하고 부하들로 하여금 궁녀들을 간음하게 하였다.'

포석정은 신라 시대 때 신라왕이 나라 망하는 줄도 모르고 향략을 즐기던 장소로 알려져 있다.

그러나 일설에는 포석정 남쪽의 담장 밖에서 포석(鮑石)이라는 글자가 새겨진 기와와 제사용 그릇들이 발굴된 점으로 보아 포석정이 신라 국가의 안녕을 기원하는 사당이 있었던 자리라고 주장한다. 결국 왕건이 신라 뒤를 이어 고려를 세웠기 때문에 기록하는 사람들이 역사의 승리자가 된 왕건의 입장에서 신라왕을 능력없는 군주로 만들기 위해 그렇게 왜곡했다는 것이다.

또한 견훤이 왕비를 겁탈하고 부하들에게 궁녀를 간음하게 했다고 기록한 것도 마찬가지다. 견훤 역시 군주의 신분으로서 파렴치한 행동을 서슴지 않았으니 신라와 백제, 두 나라를 멸망시켜 고려로 통합한 것은 하늘이 정한 이치라고 몰고 가기 위해 그렇게 기술하였다고 보인다.

『고려사』에는 견훤이 신라왕에게 그 자리에서 자결하게 했다고 했지만, 견훤이 왕건에게 보낸 서한에는 경애왕이 자결하는 사태가 벌어졌고, 신하들이 도망을 쳤다고 쓰고 있는 것으로 미루어 경애왕 스스로 자결했을 가능성도 높다.

## 견훤의 슬픔

"신라왕의 외종 동생인 김부를 새 왕으로 추대하고, 신라 천 년의 권위를 인정해 멸망시키지는 않겠다!"

견훤은 김부를 신라 제56대 경순왕으로 세웠다.

견훤이 서라벌을 짓밟았다는 급보를 들은 왕건은 군대를 이끌고 단숨에 공산 부근까지 달려갔다.

"산세가 너무 험준해서 적이 매복해 있을지도 모릅니다. 정찰병을 보내어 미리 살펴보도록 하겠습니다."

왕건의 부하인 신숭겸은 서둘러 군사를 보냈고, 조금 후 아무 이상이 없다는 보고를 받았다.

그러나 견훤은 군사들을 숨겨놓은 뒤 왕건의 부대가 협곡으로 들어오기만을 기다리고 있었다.

"왕건 이놈! 네가 쳐놓은 그물에 네 발로 들어오고 있구나!"

견훤은 왕건과 기병 5천이 협곡 안으로 들어오기를 기다렸다. 그리고 고려군이 좁은 계곡으로 모두 들어오자 공격 명령을 내렸다.

"고려군을 무찔러라!"

"한 놈도 살려두지 말고 모조리 없애라!"

명령을 받은 견훤의 군사들은 왕건의 군사를 모두 포위했다.

후백제군이 쏜 화살이 내를 이루었다 해서 살내(전탄)라는 지명이 남아 있을 정도로 그 날의 전투는 치열했다고 한다.

"맙소사! 옴짝달싹 못하게 갇혔구나!"

왕건은 퇴로가 완전히 막힌 것을 알고 몹시 당황했다.

"서라벌에 있어야 할 후백제군이 어느 틈에 이 곳에 와서 우리를 기다리고 있을 줄은 꿈에도 몰랐다!"

왕건의 군사들은 밤낮을 가리지 않고 달려온 탓에 몹시 지쳐 있는데다 느닷없는 급습으로 대항도 못한 채 우왕좌왕했다.

"왕건, 이제 너는 내 손에 죽겠구나! 이 날만을 기다렸다!"

견훤은 마침내 왕건을 사로잡을 수 있다고 자신했다. 그러나 신숭겸이 왕건과 옷을 바꿔입고서 고려군과 맞서는 동안 왕건은 간신히 목숨을 구할 수 있었다.

왕건은 간신히 목숨을 구하고 말 한 필에 의지해 홀로 실왕리(왕을 잃었다는 의미의 지명, 나무꾼이 허기져서 초췌한 남자를 보고 주먹밥을 주고 갔는데 나중에 보니 그가 왕건이었다는 이야기가 전해짐)를 지나 안심(이곳에 와서야 왕건이 안심했다하여 붙여진 지명) 해안을 거쳐 고려로 돌아갔다.

그 전투에서 신숭겸, 김락 등 고려의 여덟 장수들이 백제군에게 죽음을 당했다.

그후 그곳의 지명이 공산에서 팔공산으로 바뀌었다고 하며 주변 지명에는 왕건의 다급한 상황을 전해주는 것들이 많이 남아 있다. 그 전투를 공산 전투, 혹은 동수대전이라고도 한다.

**비로사 진공대사 보법탑비**
경상북도 영주시 풍기읍 삼가리의 비로사 경내에 있는 진공대사의 탑비. 입적한 지 2년째 되는 해인 939년 고려 태조가 그에게 진공이라는 시호를 내리고, 업적을 기리는 탑을 건립하도록 하였다.

견훤은 죽음을 무릅쓰고 왕건을 구한 여덟 부하들을 보며 혼자 탄식했다.

"왕건이 실력이 부족해도 빠르게 세력을 넓힐 수 있었던 것은 목숨을 바쳐 그를 받드는 신하들이 있기 때문이었구나. 목숨을 바쳐 왕건을 받드는 신하들이 있는 한 왕건은 반드시 다시 일어날 것이다."

왕건은 신숭겸, 김락, 전이갑 형제 등을 장군의 예로 엄숙하게 장례를 치러 주도록 했다. 특히 자신을 살리기 위해 목숨을 버린 신숭겸에게는 오랫동안 고개를 숙여 존경의 뜻을 나타냈다.

"우리는 공산 전투를 대승리로 이끌었다! 이제 전세는 완전히 역전되었다!"

견훤은 공산 전투의 여세를 몰아 왕건이 직접 순행하여 고려의 영토로 만들었던 강주(지금의 경남 진주)를 쳐서 빼앗고 삼년산성(지금의 충북 보은)을 휩쓸었다.

"이제는 고려군에 빼앗겼던 대야성과 조물성을 되찾을 것이다!"

견훤의 세력은 거침없이 앞으로 나아갔다.

공산 전투의 승리로 견훤은 경상도 지방의 주도권을 장악하고, 929년까지 잇따라 승리를 거두어 삼국 가운데 가장 강력한 힘을 가지게 되었다.

견훤에게 처참하게 패했던 왕건은 견훤의 용병술을 면밀히 검토하고 첩자를 보내어 병력의 움직임을 자세히 관찰하게 했다.

그리고 4년 뒤, 견훤은 고창(지금의 경북 안동)에서 왕건 부대의 공격을 받게 되었다.

"이번에도 견훤은 공격하기 좋은 병산에서 진격할 것이다!"

견훤의 용병술을 이미 파악한 왕건은 병산 근처의 한 산봉우리에 군사를 매복시켰다.

"고려군이 급습했다! 모두 창칼을 높이 쳐들고 고려군과 맞서라!"

"고려군은 별 볼일 없다! 모두 물러서지 말고 고려군을 없애라!"

예상치 못한 공격을 당했으나 견훤은 당황하지 않고 앞장서서 군사들을 이끌었다.

"고려군은 허수아비에 불과하다! 두려워말고 공격하

라!"

 견훤은 앞장서서 군사를 이끌었지만 예상 밖으로 왕건 부대는 강한 전술을 펼쳤다. 싸움은 오후까지 계속되었다.

 서서히 견훤의 부대가 지쳐갈 무렵, 신라 왕실의 후손인 고창군의 태수 김선평, 장길, 권행이 군사를 이끌고 달려와 견훤 부대의 후미를 공격해 왔다. 세 호족은 신라를 압박하는 후백제에 불안과 위기를 느끼고는 고려를 도우러 온 것이다.

 "신라군은 몇 명 없다! 두려워하지 말고 맞서 싸워라!"

 견훤의 군사들은 얼마 되지 않는 신라군을 얕잡아 보았지만, 죽을힘을 다해 맞서는 신라군의 기세에 눌려 큰 혼란에 빠지고 말았다.

 결국 그 전투에서 견훤은 8천 명의 군사를 잃고 대패했다. 그 전투의 패배는 실로 엄청났다. 30군·현 110여 성의 호족이 왕건에게 귀부해 버린 것이다.

 경상도 일대의 호족들이 줄지어 고려로 돌아서고, 신라

조정에서도 왕건을 서라벌로 초대해 결속을 다졌다.

연이은 패전으로 인해 견훤의 많은 부하들도 등을 돌리기 시작하였다. 항상 견훤의 주위에서 조언을 아끼지 않았던 정략가인 종훈, 후백제 왕족의 건강을 돌보아주던 의원인 훈겸을 포함하여 장군 상달과 최필 등이 고려로 망명해 버렸다.

"이제 후백제의 운명은 앞을 내다볼 수 없는 어두운 그림자만 드리워져 있단 말인가."

견훤은 건국 초기에 품었던 통일에 대한 꿈을 서서히 잃어갔다.

설상가상으로 935년 3월에 완산주에서 반란이 일어났는데, 놀랍게도 주모자는 견훤의 큰아들 신검이었다.

견훤은 키가 크고 지혜가 빼어난 넷째 아들 금강에게 왕위를 물려주려고 했다.

그러나 군무에 경험이 많았던 신검, 그리고 변방에서 도독직을 맡고 있으면서 역시 군무에 경험이 많은 양검, 용검이 불만을 품고 이찬 능환과 함께 음모를 꾸며 군을 움직였던 것이다.

"태자마마께서는 서둘러 견훤대왕을 금산사에 가두고 금강 왕자를 없애야 후환이 없을 것입니다."

파진찬 신덕 및 영순과 능환은 신검에게 견훤을 금산사에 가둘 것을 부추겼다.

"이놈! 이 애비가 뼈와 살을 깎는 고통을 이겨내며 세운 이 나라를 네놈들이 망칠 작정이냐! 썩 물러나지 못하겠느냐!"

자다말고 반란군의 급습을 받은 견훤은 끝까지 버티며 반항했지만 소용없는 일이었다.

견훤은 미리 대기하고 있던 가마에 구겨지듯 밀려들어갔다. 그리고 몸종 고비와 막내아들인 어린 능예, 딸 쇠복도 다른 가마에 태워졌다.

"참으로 부귀와 명성이 물거품이로다. 내 자식에게 배반당할 줄이야! 한시바삐 목숨을 끊어 이 치욕을 씻고 싶구나."

　견훤이 도착한 곳은 완산에서 서남쪽으로 삼십 리 떨어진 금계 땅 모악산의 금산사였다.

"아버지의 목숨을 빼앗지는 않을 것입니다. 그러나 파달 등 장사 30여 명이 금산사를 철통같이 지킬 것이니 탈출을 꿈꾸어도 소용없는 일입니다."

　양검과 용검은 군사들에게 금산사를 철저하게 지키고 견훤의 탈출을 막으라는 명을 내렸다.

　견훤에 이어 왕위를 계승한 신검은 다음과 같은 교서를 내렸다.


'여의(중국 유방의 척 부인 소생 아들)가 특별히 총애를 받았지만 혜제가 임금이 되었고, 건성이 외람되게 태자의 자리에 있었지만 당 태종이 일어나 즉위하였으니, 천명은 바꿀 수 없고 신기(임금의 자리)는 돌아갈 데가 있는 것이다.

　생각하면 대왕(견훤)의 신무는 절륜(출중)하고 영모(영특한

모책)는 고금에 뛰어났다. 말세에 태어나서 천하의 경륜을 자신의 임무로 삼아 삼국을 경략하고 백제의 옛 나라를 부흥시켰다. 도탄을 확청하니 백성이 안집하고 왕의 위세가 풍뢰처럼 고무하니 원근이 준마 달리듯 하였다. 그리하여 공업을 거의 중흥하게 되었는데 지려가 문득 한번 잘못되어 어린 아들 금강이 사랑을 차지하고

**청도 박곡리 석조석가여래좌상**
통일 신라 시대의 화강석제 불상. 이 불상은 1928년 화재로 인해 희미한 윤곽만이 확인될 뿐 상태가 좋지 못하며, 광배도 있었지만 파손되어 파편 두 조각만 남아있다고 한다.

간신이 권세를 농락하여 대군(견훤)을 진혜의 혼암으로 인도하고 자부를 헌공의 미혹으로 빠뜨려서 보위를 완동(완악한 아이)에게 내려주려고 하였다.

다행한 일은 상제가 충심을 내리어 군자가 허물을 고치고,

나 원자를 명하여 한 나라를 다스리게 하였다. 생각하면 내가 진장의 재목이 아닌데 어찌 임금이 될 지혜가 있으랴. 조심스럽고 송구스러워 엷은 얼음, 깊은 못을 딛는 것 같으니 부차(순서를 넘는 것)의 특은을 미루어 유신의 정치를 모아야 할 것이므로 경내에 대사를 내리어 청애 2년(서기 935) 10월 17일 이른 새벽 이전에 한하여 이미 발각되지 않은 일과 결정되지 않은 유벽(사형) 이하의 죄는 다 사하여 면제한다. 주무자가 시행하라!'

그러나 그 교서가 효력을 지니기 이전인 935년 6월에 견훤은 가까스로 금산사를 탈출했다.

"나는 나주로 가서 고려로 망명하겠다!"

자식과 부하들에게 배반을 당한 견훤은 곧바로 나주로 몸을 피해 고려로 망명했다.

유금필과 왕만세 등이 수군을 이끌고 견훤의 망명을 도왔다.

"저희가 송악까지 무사히 모실 것입니다."

두 사람의 도움을 받으며 견훤은 송악에 도착했고, 왕건은 견훤을 반갑게 맞이했다.

"저보다 열 살이나 많으시니 상부로 모시겠습니다."

왕건은 예를 다해 견훤을 대접하며 남궁을 주고 직위를 백관 위에 두어 양주를 식읍으로 주었다.

"자식들에게 말할 수 없는 부끄러움을 당한 내가 구차한 목숨을 구걸하기 위해 고려로 망명한 것은 아닙니다."

견훤은 왕건에게 정중하게 말했다.

"다만 이제 천하의 대세는 결정되었으니 더 이상 죄없는 백성이 피를 흘리지 않게 하는 것이 내가 할 수 있는 일이오. 내가 나서서 백성의 피를 덜 흘리게 할 수 있다면 그 방법을 따를 것입니다."

견훤이 왕건에게 투항했던 그 해 고려에서는 실로 엄청난 사건이 벌어졌다.

935년 12월 초하루, 고려의 서울 송악에서 신라 경순왕이 만조백관이 모인 가운데 천덕전 뜰아래에서 왕건에게 네 번 절하며 신하의 예를 밟았다.

"신라를 고려 대왕께 바치고 앞으로는 신하의 예를 다해 고려와 고려 대왕을 모시겠습니다."

이로써 기원전 57년에 건국하여 992년 동안 역사를 이어갔던 신라는 역사의 뒤안길로 사라졌다.

그리고 그 이듬해 2월, 견훤의 사위인 박영규로부터 비밀 편지가 왔다.

'만약 의로운 깃발을 드는 날이면 저 또한 일어나 도울 것입니다.'

박영규가 견훤에게 보낸 밀서에는 그런 내용이 적혀 있었다.

936년 6월, 견훤은 왕건에게 자신의 뜻을 밝혔다.

"노신이 대왕께 몸을 의탁한 것은 대왕의 위세에 의지하여 반역자를 벌하기 위하여서입니다. 바라건대 대왕께서 군사를 보내어 도적들을 잡아들인다면 이 늙은이는 죽어도 한이 없겠습니다."

자식과 부하들의 배반을 죽어도 용서할 수 없었던 견훤은 오랜 고심 끝에 후백제 정벌을 결심했던 것이다.

"상부의 뜻을 왜 모르겠습니까. 반드시 제 손으로 상부의 원수를 갚고 이 땅을 하나로 통일할 수 있도록 하겠습니다. 그것만이 제가 상부께 해드릴 수 있는 유일한 보답입니다."

왕건은 견훤의 뜻을 받아들였고, 마침내 936년 9월, 기병 5만, 보병 4만 3천, 기타 명주(지금의 강릉)의 호족 순식 등 독립 장군들의 병력 1만 5천, 모두 10만 8천의 대병력을 이끌고 일리천(지금의 석산)으로 나아가 신검과 대치했다.

왕건이 동원한 군세는 『삼국사기』에 의하면 총 10만 7천 5

백 명, 『고려사』에 의하면 총 8만 6천 8백 명이었다.

"고려의 모든 병력을 동원하여 단숨에 승패를 맺어야 두 번 다시 피를 흘리지 않는다."

견훤은 자신의 손으로 일으킨 후백제를 멸망시키고 왕건으로 하여금 한반도 삼국을 통일하게 하려는 뜻을 끝까지 접지 않았다.

『삼국사기』에 따르면 견훤은 왕건과 함께 전군을 사열했으나 전투에 앞장섰다는 내용은 없다. 반면 『고려사』에는 견훤이 기병 1만을 친히 이끌었다고 되어 있다.

싸움이 시작되기 전 고려군의 규모를 본 후백제의 좌장군 효봉, 덕술, 애술, 명길 등 네 장수가 항복해 왔고, 그로 인해 백제군의 사기는 땅에 떨어졌다. 결국 한 차례 싸움에서 백제군은 크게 패하고 말았다.

『고려사』에는 '적장 흔강, 견달, 은술, 금식, 우봉 등을 비롯하여 3천 2백 명을 사로잡고 5천 7백 명의 목을 베었으며 군기가 문란해진 적들은 창끝을 돌려 저희들끼리 서로 공격하였다' 라고 적고 있다.

"황산으로 퇴각하라!"

크게 패한 백제군이 허둥지둥 황산으로 퇴각했지만 고려군은 재빨리 탄현을 넘어 마성에서 백제군의 길목을 막아섰다.

**수도사 노사나불 괘불탱**
경상북도 영천시 신령면 치산리의 수도사 경내에 보관된 조선 후기 불화. 그림 테두리 맨 윗쪽에 「원만보신노사나불(圓滿報身盧舍那佛)」이라는 글씨가 둥근 원에 쓰여 있어 「노사나불」임을 알 수 있다.

"아무래도 항복할 수밖에 없다. 아버지와 싸우는 일은 있을 수 없는 일이다. 처음부터 우리 백제의 패배는 정해

져 있었다."

 패배를 인정한 신검은 청주(지금의 강주) 도독 양검, 무주 도독 용검 및 문무신료들과 함께 항복하고 말았다.

 "반란을 주도한 능환을 참수하고 포로가 된 병졸들은 모두 풀어주어라. 또한 항복해 온 문무신료들은 능환을 제외하고 모두 송악으로 올라오는 것을 허락한다!"

 왕건은 양검과 용검은 진주로 귀양을 보냈다가 얼마 후 사형시켰으며 신검은 주변의 부추김으로 왕위를 찬탈하였고, 또한 항복해 왔기 때문에 벼슬을 내렸다.

 50년에 걸친 후삼국 시대는 그렇게 막을 내렸다.

 "이제 내가 할 일은 모두 끝났구나. 어찌 내 손으로 이룬 나라를 내 손으로 멸망시키고 떠난단 말인가!"

 견훤은 백제를 멸망시킨 후 심한 우울증에 시달렸다. 그런데다 등창이 매우 심해 며칠 만에 황산(지금의 논산)의 한 절에서 조용히 눈을 감았다.

 견훤은 스물을 갓 넘은 나이에 대군을 일으켜 나라를 세운 용맹스러운 장수였다. 항상 미래를 계획할 만큼 철저한 사람이었고, 상황에 따라 잘 대처하는 임기응변에 능했다.

 적을 칠 때는 먼저 적을 안심시킨 다음 치는 음흉한 면이 있어 그 속마음을 읽기 힘들기도 했지만, 빠른 시일 내에 중앙집권적 권력 구조를 형성한 점으로 미루어 결단성이 뛰어나고 보통 사람보다 주변 장악력이 탁월했던 것이 분명하다. 또한 자기 스스로 열었던 후삼국 시대를 스스로 끝내고 왕건에게 통일이라는 대업을 이룰 수 있도록 이끌어준 영웅의 면모를 지녔던 인물이었다.

 견훤과 관련해서는 강원도 원성에 견훤성이 있고, 상주에도 같은 이름의 산성과 견훤의 영령을 모시는 사당이 남아 있으며, 영동 황간을 본으로 하는 황간 견씨는 견훤을 시조로 삼고 있다.

## '역사를 바꾼 인물 · 인물을 키운 역사' 기획 의도

　성장기 어린이부터 청소년까지 역사는 떼려야 뗄 수가 없는 공부이다. 다른 나라 역사보다 우리 나라 역사를 더 알아야 한다는 것도 분명한 사실이다. 역사를 이끌고 가는 것은 인물이다. 역사를 이로운 길로 이끈 인물이건 나쁜 길로 이끈 인물이건 역사에서 인물이란 빼놓을 수 없는 존재다. 한 인물로 인해 역사의 흐름이 바뀌는 경우도 많고, 역사로 인해 한 인물이 탄생하는 경우도 많다. 그만큼 역사를 제대로 알려면 그 시대의 중요한 인물을 알아야 하고, 인물을 통해 역사를 읽을 수 있는 안목을 키워야 한다.

　인물 이야기는 이야기 속에 그 사람 삶의 모습이 진솔하게 담겨 있어야 할 뿐만 아니라, 인간으로서의 고뇌와 절망을 극복해 나가는 모습도 모두 함께 담겨 있어야 한다. 또 그 사람의 행동은 당시 사회 상황에서 규정되기 때문에 당시의 상황 속에서 그 인물을 관찰할 수 있어야 한다.

　'역사를 바꾼 인물 · 인물을 키운 역사'는 어린이는 물론이고 청소년, 그리고 일반인들까지 부담 없이 읽고 폭넓게 공감할 수 있는 내용으로 엮는 것을 최우선 방향으로 잡았다.

　인물 이야기는 백과사전이 아니다. 한 사람을 역사 속에서 바라보는 것이다. 제대로 쓰인 인물 이야기가 아니면 의미가 없다. 시대와 장소를 초월해서 하늘이 내린 인물이나 신적인 존재로 그려진 그런 인물 이야기가 아니라, 인간적인 냄새가 물씬 풍기는, 제대로 쓰인 인물 이야기가 필요할 때다.

또한 역사는 결코 지난날의 이야기가 아니다. 현재는 물론이고 미래에도 언제든지 새롭게 발견되고 새롭게 해석될 가능성이 많다. 특히 우리의 역사는 오랜 세월 동안 왜곡되고 사라진 부분이 많은 만큼 연구할 부분이 많을 수밖에 없다.

또한 우리 역사의 국통을 아는 것은 단순히 과거를 아는 것이 아니다. 우리 민족이 섬겨 왔던 조물주의 창조 섭리, 인간이 어떻게 태어나고 어떻게 봄·여름·가을·겨울 살아왔느냐 하는 삶의 과정과 역사의 깊은 섭리를 아는 것이다.

그러자면 여러 가지 학설과 주장을 두루 듣고 연구해서 진실에 가까운 역사를 찾아내는 것이 무엇보다 중요하다. 또한 한 인물을 제대로 이해하려면 무엇보다 그 시대의 역사를 제대로 이해해야 하고, 역사를 이해하려면 그 시대를 움직인 인물을 제대로 이해하려는 노력이 필요하다.

## 백제 아리랑
### -견훤-

| | |
|---|---|
| **초판 1쇄 발행** | 2010년 01월 29일 |
| **글** | 역사·인물 편찬 위원회 |
| **펴낸이** | 이영애 |
| **디자인** | 장원석·김재영 |
| **책임 교열** | 마경호 |
| **표지 그림** | 박경민 |
| **사진협조** | 이수용 / 경상북도청 / 경상남도청 / 충청남도청 |
| | 충청북도청 / 경주시청 / 위키백과 / 오픈애즈 |
| **펴낸곳** | 역사디딤돌 |
| **출판등록** | 2009년 3월 23일 제312-2009-000020 |
| **주소** | 서울특별시 양천구 목2동 504-17번지 |
| **전화** | (070)7690-2292 |
| **팩스** | (02)6280-2292 |
| **E-mail** | 123pen@naver.com |
| **ISBN** | 978-89-93930-15-3 |
| | 978-89-962557-9-6(세트) |

잘못된 책은 서점에서 교환해 드립니다. 저저와 협약에 의해 인지는 생략합니다.
신저작권법에 의하여 보호를 받는 저작물이므로 무단 전재와 복제를 금합니다.